Fabian Eichmeier

Die Pfarrei im Staatskirchenrecht Deutschlands, Bayerns und in Nordrhein-Westfalen unter Berücksichtigung der dortigen Neuregelung

KANONISTISCHE REIHE, BAND 038

herausgegeben von
Burkhard Josef Berkmann, Elmar Güthoff, Martin Rehak

Fabian Eichmeier

Die Pfarrei im Staatskirchenrecht Deutschlands, Bayerns und in Nordrhein-Westfalen unter Berücksichtigung der dortigen Neuregelung

1. Auflage 2024

Deutsche Erstausgabe.
Zugleich auch Inaugural-Dissertation
zur Erlangung des Lizentiats im kanonischen Recht am
Klaus-Mörsdorf-Studium für Kanonistik der
Katholisch-Theologischen Fakultät
der Ludwig-Maximilians-Universität München,
vorgelegt im Wintersemester 2023/24.

mail@eos-verlag.de
www.eos-verlag.de

ISBN 978-3-8306-8244-8

Bibliografische Information der Deutschen Bibliothek
Die Deutsche Bibliothek verzeichnet diese Publikation
in der Deutschen Nationalbibliografie;
detaillierte bibliografische Angaben
sind im Internet unter http://dnb.ddb.de abrufbar.

Inprint Druckerei Erlangen
Printed in Germany

Inhaltsverzeichnis

Vorwort

Die vorliegende Arbeit wurde im Wintersemester 2023/2024 als Lizenziatsdissertation an der Hohen Katholisch-Theologischen Fakultät der Ludwig-Maximilians-Universität zu München verfasst und dort angenommen. Im Rahmen dieses Vorworts möchte ich mich bei allen Menschen, die mir auf dem Weg der Erstellung dieser Arbeit und dem Weg hin zur Publikation der Arbeit als Buch zur Seite standen und mich begleitet haben, bedanken. Dazu gehört zunächst Herr David Deselaers, der mich während des Schreib- und Korrekturprozesses unermüdlich unterstützt hat und mir sowohl fachlich als auch persönlich jederzeit zur Seite stand. Darüber hinaus bedanke ich mich bei Frau Anne Arend, die mir als studentische Hilfskraft während meines Auslandsaufenthalts in Irland immer zur Verfügung stand, wenn ich Literatur brauchte. Herrn Johannes Nowesky danke ich für die Unterstützung bei der finalen Korrektur zur Drucklegung. Meinem Chef, Herrn Professor Dr. Yves Kingata, danke ich für die Unterstützung und die hilfreichen Anregungen sowie für die Übernahme des Zweitgutachtens, während ich Herrn Professor Dr. Dr. Elmar Güthoff für die umfassende und sorgfältige Betreuung danke sowie dafür, dass das gesamte Promotionsverfahren im kirchenrechtlichen Lizenziatsstudium schnell und professionell durchgeführt wurde. Inhaltlich befindet sich die Arbeit auf dem Stand vom März 2024. Die Arbeit wurde zur Gewährleistung einer zügigen Veröffentlichung nicht mehr bearbeitet, wobei lediglich die Tatsache, dass das neue KVVG in Nordrhein-Westfalen nunmehr (so zumindest der Stand Ende Juni 2024) zum 1. Juli 2024 in Kraft treten wird, einen entsprechend ergänzungswürdigen Fakt darstellt.

München, Juli 2024
Fabian Eichmeier

A. Einleitung

„Insgesamt sind Grenzziehungen zwischen Staat und Religion, aber auch die Relationierung dieser beiden Größen eine beständige Aufgabe, die zwischen Nähe und Distanz, zwischen Loyalität und Konflikt und anderen Spannungslagen immer wieder hin und her schwankt."[1]

Das angeführte Zitat verdeutlicht paradigmatisch das Spannungsfeld zwischen Staat und Kirche im Religionsverfassungsrecht der Bundesrepublik Deutschland, das sich auch auf der Ebene der Ortskirchen und Pfarreien auswirkt. Die akademische Diskussion, die sich insbesondere auch mit dem Status kirchlicher Körperschaften als Körperschaften des öffentlichen Rechts befasst und diesen Status reflektiert, begleitet diese Aufgabe der Grenzziehung.[2] In dieser Diskussion geht es jedoch häufig eher um normative Fragen, unter anderem wie das Verhältnis von Staat und Kirche auf den verschiedenen horizontalen und vertikalen Ebenen kirchlicher Verwirklichung rechtlich ausgestaltet sein sollte und auf welche Weise die gesellschaftliche Bedeutung von Religion, Kirche und Glaube an dieser Stelle berücksichtigt werden muss.[3]

Vor diesem Hintergrund soll die vorliegende Arbeit einen Beitrag leisten, staatskirchenrechtliche Eigenheiten des Verhältnisses zwischen Staat und Kirche in Deutschland im Lichte der aktuellen Rechtslage und unter der Berücksichtigung bundeslandspezifischer Eigenheiten darzustellen. Die Arbeit geht damit der Frage nach, wie die Pfarrei bzw. das Pfarreivermögen in Deutschland, und hier insbesondere in Bayern und Nordrhein-Westfalen, rechtlich strukturiert, geordnet und verwaltet wird, worin die Kerndeterminanten liegen und wie sich die geplanten Neuordnungen in Nordrhein-Westfalen auf die Vermögensverwaltung auswirken.

---

1 S. *Hense*, Ecclesia semper reformanda, 99 in seiner Zusammenfassung.

2 S. *Muckel*, Körperschaftsstatus im 21. Jahrhundert, 30 für eine Einführung und als Paradigma für diese Diskussion.

3 Zu dieser Diskussion vgl. exemplarisch *Ley*, Religionsverfassungsrecht auf dem Prüfstand, 46.

Die Arbeit folgt einer deskriptiv-referierenden Methode, die die Rolle der Pfarrei aus verschiedenen rechtlichen Blickwinkeln darstellt, auf Rechtsprobleme und deren Lösung eingeht und an den diskutierten Stellen berücksichtigt, inwiefern Gerichte in Deutschland in ihrer Entscheidungspraxis die rechtlichen Unklarheiten des Staat-Kirche-Verhältnisses gelöst und inhaltlich mitgeprägt haben. Der Aufbau ist daher wie folgt strukturiert: Zunächst werden der Begriff der Pfarrei und der Kirchengemeinde definiert und gegenseitig voneinander abgegrenzt. Daraufhin wird die Pfarrei in den religionsverfassungsrechtlichen und konkordatsrechtlichen Gesamtkontext eingeordnet. Darüber hinaus werden generelle Fragen der Auswirkungen der staatskirchenrechtlichen Pfarreiordnung auf die Abgrenzung von Zivil- und Öffentlichem Recht dargestellt. Gerade an dieser Stelle soll beleuchtet werden, inwiefern sich durch die Rolle der Pfarrei als Körperschaft des Öffentlichen Rechts auch haftungsrechtliche Besonderheiten im allgemeinen Rechtsverkehr ergeben. Das dritte Kapitel stellt dann dar, wie auf dem Gebiet der Bayerischen Diözesen die Rechtsbeziehungen der Pfarrei bzw. des mit ihr korrespondierenden Vermögens geordnet sind. Der Schwerpunkt des vierten Kapitels liegt auf einer Darstellung der entsprechenden Regelungen für die Diözesen in Nordrhein-Westfalen, wobei hier auch eine erste Analyse der geplanten Neuregelungen im Jahr 2024 vorzunehmen ist. Der Aufbau folgt also einem der Arbeit und den jeweiligen Kapiteln immanenten Weg ‚vom Allgemeinen ins Besondere', der der Komplexität der staatskirchenrechtlichen Rechtsquellen zwischen Verfassungsrecht, (Völker)vertragsrecht sowie staatlichem und kirchlichem Gesetzesrecht[4] durch eine Hierarchisierung ebendieser Quellen Rechnung trägt. Der Schwerpunkt der Betrachtungen liegt auf den religionsverfassungsrechtlich-dogmatischen, allgemein zivilrechtlichen und organisationsrechtlichen Fragestellungen, die die Rolle der Pfarrei in ihrer systematischen Rechtsposition charakterisieren. Im letzten Kapitel werden die gewonnenen Erkenntnisse zusammengefasst und ein Ausblick gegeben. Dabei wird kurz auf die religions- und verfassungspolitische Diskussion der Rolle der Pfarrei im deutschen Staatskirchenrecht eingegangen.

---

4 Vgl. zu den verschiedenen Rechtsquellen des Kirchenrechts zusammenfassend *von Campenhausen/de Wall*, Religionsverfassungsrecht, *passim*.

B. Die Entwicklung und Verwendung des Begriffs der Kirchengemeinde

Bevor die Rolle der Pfarrei im Staatskirchenrecht näher erläutert werden kann, ist also zunächst zu untersuchen, welchen Begriff das staatliche Recht in Deutschland im Kontext von katholischen kirchlichen Gemeinden verwendet. Ebenfalls soll der kanonistische Begriff der Pfarrei aus kirchenrechtlicher Perspektive auf seinen Zweck und seine Normierung hin analysiert und beide Begriffe anschließend voneinander abgegrenzt werden. Dabei sind auch bestehende unterschiedliche Zwecke der jeweiligen Rechtsinstitute zu beleuchten.

I. Kirchengemeinde als zivilrechtlicher Begriff

Der Begriff der Kirchengemeinde, der auch in den Staatsverträgen und zivilrechtlichen Regelungen zur untersten kirchlichen Organisationsform verwendet wird,[5] ist ursprünglich in dem protestantisch geprägten Preußen entstanden[6] und definiert heute die unterste in einer Diözese oder einer evangelischen Landeskirche vorhandene rechtlich selbstständige Organisationseinheit.[7] Heute wird der Begriff der Kirchengemeinde universal in staatskirchenrechtlichem Kontext gebraucht, um gerade beim staatskirchlichen Vermögensrecht einen konfessionsübergreifenden, einheitlichen Terminus Technicus zu verwenden.[8]

---

5 Hier kann auf die Normen des Art. 13 RK, Art. 3 Preußenkonkordat, Art. 2 Abs. 2 S. 1 BayKirchStG verwiesen werden.

6 Der Begriff findet sich exemplarisch im Gesetz, betreffend die evangelische Kirchengemeinde- und Synodalordnung für die Provinzen Preußen, Brandenburg, Pommern, Posen, Schlesien und Sachsen vom 10. September 1873, geändert durch Gesetz vom 25. Mai 1874 (GS. S. 147), abgedruckt bei *Koch*, Allgemeines Landrecht, 325.

7 Vgl. *Kämper*, Kirchengemeinde – Staatlich in: LKRR, 827f.; *Platen*, Kirchengemeinde – Katholisch, in LKRR, 829 f.

8 S. *Hallermann*, Pfarrei und pfarrliche Seelsorge, 184.

Eine Kirchengemeinde ist allerdings, insbesondere im Bereich des katholischen Kirchenrechts, das staatliche Äquivalent zu einer kirchlichen Rechtsposition, die durch einen staatlichen Mitwirkungsakt für die kirchlichen Organisationseinheiten Rechts- und Handlungsfähigkeit im staatlichen Rechtsverkehr bewirkt.[9] Kirchengemeinden sind darüber hinaus nicht zwingend die einzigen juristischen Personen auf Ebene der untersten diözesanen Organisationseinheit, sondern können auf einer Ebene mit bspw. Stiftungen als Vermögensträger im Rechtsverkehr in Erscheinung treten.[10]

Vom Begriff her sind Kirchengemeinden damit nach staatlichem Recht juristische Personen, deren konkreter Status und deren spezifische Ausgestaltung durch das staatliche Recht vorgegeben werden.[11] Als solche sind sie Entitäten des Rechts, die einer konkreten Zuordnungsfunktion dienen: Die Kirchengemeinde als juristische Person ordnet Individuen zu einer konkreten Gemeinschaft von Gläubigen sowie Vermögen, das am weltlichen Rechtsverkehr teilnimmt, ebendieser Gemeinschaft als juristischer Person zu. Die Kirchengemeinde bildet damit einen sich auf der Ebene des Rechts befindenden, auf die Ebene des tatsächlichen Handelns einwirkenden ausgestaltungsbedürftigen Rechtsrahmen. Unter einer Kirchengemeinde versteht der weltliche Gesetzgeber im Ergebnis also unabhängig vom konkreten Selbstverständnis der Religionsgemeinschaft und von der durch den Staat gewährten Rechtsform eine personal abgrenzbare Vereinigung von Gläubigen, die als solche Trägerin von Vermögenswerten ist.[12]

II. Die Pfarrei als kirchenrechtlicher Begriff

Die Pfarrei umfasst im kanonischen Recht nicht nur eine rechtliche, sondern auch eine religiöse Komponente. Diese Rolle bei der Verwirklichung des kirchlichen Sendungsauftrags, die das Kirchenrecht bei seiner rechtlichen Ordnung der Pfarrei berücksichtigen und adaptieren muss,[13] wird

9 Vgl. *Kämper*, Kirchengemeinde – Staatlich, in: LKRR, 827 f.; *Platen*, Kirchengemeinde – Katholisch, in: LKRR, 829 f.

10 Vgl. ebd.

11 Vgl. ebd. Die genaue Ausgestaltung erfolgt auf verschiedenen rechtlichen Ebenen und wird dort jeweils erläutert.

12 So die Definition von *Hallermann*, Pfarrei und pfarrliche Seelsorge, 184, die im Wesentlichen von einem funktional-deskriptiven Ansatz ausgeht.

13 Vgl. *Hallermann*, Pfarrei und pfarrliche Seelsorge, 6.

insbesondere in einer Einlassung des II. Vatikanischen Konzils zur Pfarrei deutlich:

> „*Da der Bischof in seiner Kirche nicht immer und nicht überall selbst der gesamten Herde vorstehen kann, muß er notwendig Gemeinden von Gläubigen bilden, unter denen die Pfarreien hervorragen, die örtlich geordnet sind unter einem Hirten, der die Stelle des Bischofs vertritt; denn sie stellen gewissermaßen die über den ganzen Erdkreis hin verbreitete sichtbare Kirche dar. Daher ist das liturgische Leben der Pfarrei und seine Beziehung zum Bischof im Denken und Tun der Gläubigen und des Klerus zu fördern; und es ist darauf hinzuarbeiten, daß der Sinn für die Pfarrgemeinschaft, vor allem aber in der gemeinsamen Feier der Sonntagsmesse, blühe. (SC 42)*“

Die Zusammenführung von Gläubigen in einer Gemeinschaft stellt also das wesentliche, inhaltlich konstituierende Element des Pfarreibegriffs dar. Die Gläubigen werden, gerade hier ist der kanonistische Pfarreibegriff auch von einer theologischen Perspektive aus zu verstehen, in der Feier der Eucharistie zu einer Gemeinschaft hin verbunden, vgl. C. 528 § 2 CIC. Das impliziert, dass die Pfarrei sich nicht einer Gemeinschaft von Gläubigen ‚überstülpt' und seelsorgerlich betreut, sondern die Gläubigen selbst die Pfarrei mitkonstituieren und die gemeinschaftliche Verbindung Wesenselement der Pfarrei ist.[14]

Der Begriff der Pfarrei ist vor diesem Hintergrund in C. 515 § 3 CIC legaldefiniert. Unter einer Pfarrei versteht der CIC von 1983 eine innerhalb einer Teilkirche bestehende, rechtlich verfasste Gemeinschaft von Gläubigen. Der CIC kennt hier sowohl die Zuordnung von Individuen zu einer Pfarrei auf Basis ihres Wohnortes (territoriale Pfarrei) als auch auf Basis besonderer persönlicher Eigenschaften (kategoriale oder personale Pfarrei), was der Codex in C. 518 CIC entsprechend verdeutlicht.

In der katholischen hierarchischen Struktur ist die Pfarrei als Organisationseinheit unterhalb der Diözese als Teilkirche, wobei Zwischenstrukturen wie ein Dekanat weder ausgeschlossen, noch zwingend nötig sind,

14 Dies ergibt sich mithin bereits aus der Legaldefinition der Pfarrei in C. 515 § 1 CIC: „*Die Pfarrei ist eine bestimmte Gemeinschaft von Gläubigen […]*“. Sie wird bei *Hallermann*, Die Pfarrei, in: HdbKathKR³, 668 als eine „*communitas christifidelium […] und somit […] Gemeinschaft von aktiven Sendungsträgern*“ verstanden, mit anderer Definition *Aymans/Mörsdorf*, KanR II, 427, der die Pfarrei als „*Umschreibung des Pfarrvolks*“ ansieht.

eingeordnet.[15] Die Aufteilung der Diözese als Teilkirche in verschiedene Pfarreien wird jedoch in C. 374 § 1 vorausgesetzt, die Existenz von Pfarreien als Untergliederung der Teilkirche ist somit für jede Diözese vorgeschrieben.[16] Dadurch wird auch deutlich, dass eine kanonische Pfarrei kein freier Zusammenschluss oder eine aus der Mitte der Gläubigen entstandene Institution, sondern ein Teil der hierarchischen Ordnung der Kirche ist.[17]

Die Befugnis zur Errichtung, Änderung oder Aufhebung von Pfarreien steht im kirchlichen Recht gem. C. 515 § 2 CIC ausschließlich dem Diözesanbischof zu, wobei dieser gem. C. 134 § 3 CIC seinem General- oder Bischofsvikar ein Spezialmandat zur Umstrukturierung von Pfarreien erteilen kann.[18] Die Umstrukturierung von Pfarreien kann kirchenrechtlich jedoch nicht willkürlich erfolgen, sondern muss dem *salus animarum*, dem Heil der Seelen der Gläubigen dienen, insofern müssen Zusammenlegungen oder Trennungen von Pfarreien der Vereinfachung der Hirtensorge durch den bzw. die Pfarrer dienen.[19] Vor diesem Hintergrund ordnet C. 515 § 2 CIC die Pflicht, den Priesterrat vor einer Umstrukturierungsmaßnahme anzuhören, an. Wird dies nicht getan, ist die Änderungsmaßnahme ungültig.[20]

Die Pfarrei ist als solche eine öffentliche juristische Person und kann damit sowohl am innerkirchlichen Rechtsverkehr teilnehmen, als auch aus einer Perspektive des kanonischen Rechts Trägerin von Vermögen sein, darüber hinaus ist das kanonische Vermögensrecht auf Pfarreien anwendbar.[21] Weiterhin impliziert der Status der Pfarrei als öffentliche juristische Person einerseits, dass sie gem. C. 1267 § 1 CIC Gaben empfangen kann, andererseits, dass sie gegenüber der Diözese als ihr unterstellte öffentliche juristische Person gem. C. 1263 CIC steuerpflichtig sein kann.[22] Das war nicht immer so: Noch im CIC/1917 war die Pfarrei keine eigene öffentliche

---

15 Vgl. *Haering,* Organisation, Rn. 61, 63.

16 Vgl. *Hallermann,* Pfarrei und pfarrliche Seelsorge, 105 f.

17 Vgl. *Hallermann,* Pfarrei und pfarrliche Seelsorge, 113 f. Allerdings ist die Pfarrei als Institution rein kirchlichen Rechts, ihre Existenz ist damit nicht durch göttliches Recht vorgegeben.

18 Vgl. ebd., 160 f.

19 Vgl. ebd., 162.

20 S. ebd., dort werden die kirchenrechtlichen, formalen Voraussetzungen für die Änderung von Pfarreien dargestellt, die die Rechtsnatur und Rolle der Pfarrei allerdings nur peripher tangieren.

21 Vgl. *Ahlers*, c. 515, in: MKCIC, Rn. 8; *Haering*, Organisation, Rn. 63.

22 Vgl. *Ahlers*, c. 515, in: MKCIC, Rn. 8.

Person, sondern in die kirchlichen Vermögensmassen der Pfarrkirchenstiftung und des Benefizialfonds aufgeteilt.[23]

Im kanonischen Recht ist der Vertreter der Pfarrei nach außen hin der Pfarrer. Dieser ist „das unverzichtbare Leitungsorgan der Pfarrei."[24] Daneben ist sein Dienst jedoch auch theologisch legitimiert: Er ist *pastor proprius* und nimmt für die ihm anvertraute Pfarrei mittelbar am Hirtendienst des Diözesanbischofs teil.[25] Dies bedeutet, dass der Pfarrer für seine Pfarrei, also eine Untergliederung der Teilkirche, Aufgaben des Lehrens, Heiligens und Leitens ausübt.[26] Pfarrer kann daher nicht jeder sein: Er muss gem. C. 521 1 CIC die Priesterweihe empfangen haben, um gültig das Pfarramt übernehmen zu können.[27]

Dabei obliegt ihm gem. C. 532 CIC die Vertretung der Pfarrei bei Rechtsgeschäften und sonstigen Angelegenheiten der Pfarrei nach außen. Abweichend vom kanonischen Regelfall des C. 515 CIC können gem. C. 517 § 2 CIC auch Pfarreien ohne einen einzelnen, die Pfarrei leitenden Pfarrer existieren, dennoch ist auch in diesem Fall einem Priester mit pfarrlichen Befugnissen die Gesamtleitung der Pfarrei aufgetragen.[28]

Vor diesem Hintergrund des engen rechtlichen Zusammenhangs zwischen Pfarrer und Pfarrei als kodikarischem Anspruch sind kirchenrechtlich mit dem Pfarramt *a priori* weitgehende Pflichten zur Verwirklichung des Zwecks, für den die Pfarrei existiert, verbunden. Nicht nur die Vorschriften über die Eignung, Besetzung und Position des Pfarrers, sondern

---

23 Genauer gesagt war im alten Recht die Pfarrkirche gem. cc. 99, 485, 1182 f. CIC/1917 juristische Person, wobei das Kirchenvermögen ein Sondervermögen dieser juristischen Person war. Die Pfarrpfründe war darüber hinaus ebenfalls juristische Person, die Pfarrei selbst aber wohl nicht, vgl. *Heimerl/Pree*, Handbuch des Vermögensrechts, Rn. 5/174 [die Auflage wird aufgrund des umfassenden Fokus auf die Rechtslage in Bayern verwendet]; so auch *Mörsdorf*, Lehrbuch des Kirchenrechts, 307: *„Die Kirche steht regelmäßig im Eigentum der Kirchenstiftung […]."*

24 Vgl. *Ahlers*, c. 515, in: MKCIC, Rn. 8.

25 Vgl. *Hallermann*, Pfarrei und Pfarrliche Seelsorge, 189 f.

26 S. *Aymans/Mörsdorf*, KanR II, 427.

27 S. ebd., 425.

28 Vgl. *Ahlers*, c. 515, in: MKCIC, Rn. 2 f. Die verschiedenen Formen der Leitung der Pfarrei durch einen Pfarrer für eine Gemeinde, einen Pfarrer für mehrere Gemeinden und den Pfarrer als Moderator fassen *Paarhammer/Fahrnberger*, Pfarrei und Pfarrer im neuen CIC, 40 f. zusammen. Zur Gemeindeleitung gem. c. 517 § 2 CIC s. auch *Schmitz*, „Gemeindeleitung" durch „Nichtpfarrer-Priester", 330–361 und *Heinemann*, Sonderformen der Pfarreiorganisation, 338–350.

gerade auch die Amtshandlungen, die der Codex dem Pfarrer in C. 530 CIC besonders aufträgt, zeugen davon, dass dem kanonischen Pfarrer eine Rolle zukommt, die sich nicht in der reinen Vermögensverwaltung erschöpft.[29] Der Pfarrer hat sich als unmittelbare Amtspflicht in der Pfarrei aufzuhalten und ihn trifft dort eine Residenzpflicht gem. C. 533 CIC, außerdem wird sein Jahresurlaub gem. C. 533 § 2 CIC beschränkt und dem Diözesanbischof in C. 533 § 3 CIC die Pflicht auferlegt, durch entsprechende Normen dafür zu sorgen, dass auch während längerer Abwesenheit des Pfarrers die Seelsorge in der Pfarrei sichergestellt ist.[30]

In C. 535 CIC bringt der Gesetzgeber zum Ausdruck, dass der Pfarrei in der Verwaltungshierarchie auch eine Dokumentations-, Beweis-, und Protokollfunktion zukommt.[31] Die Vorschrift stellt klar, dass Tauf-, Toten- und Ehebücher nach den partikularrechtlichen Vorschriften vorhanden sein müssen. Überdies ist jede Änderung des kanonischen Familienstands zu dokumentieren, was impliziert, dass auch der Übertritt in eine andere Kirche zu protokollieren ist. In § 3 wird die Verpflichtung zur Siegelführung und Siegelung kirchlicher Urkunden auf Basis kirchlichen Rechts angeordnet, darüber hinaus ist in Deutschland auch die Dokumentation von Kirchenaustritten vorgeschrieben.[32] Der Pfarrer hat darüber hinaus Verpflichtungen im Heiligungsdienst. Darunter fällt gem. C. 534 CIC die Applikationspflicht, also die Pflicht, an den Sonntagen und gebotenen Feiertagen der Teilkirche die Heilige Messe für die Lebenden und Verstorbenen der Pfarrei ohne Annahme eines Messstipendiums zu feiern. Die in C. 530 CIC weiter genannten Aufgaben, wozu Taufspendung, Firmspendung und Eheschließungsassistenz zählen, muss er zwar nicht selbst ausführen, dennoch trifft den Pfarrer hierfür die Erstzuständigkeit.[33]

Der Pfarrer ist aber neben den Gläubigen nicht das einzige Organ der kanonischen Pfarrei. So existieren im kodikarischen Regelfall noch zwei weitere Organe: Der Pastoralrat gem. C. 536 CIC sowie der Vermögensverwaltungsrat gem. C. 537 CIC. Beide Gremien sind beratende Gremien, denen der Pfarrer kraft gesetzlicher Anordnung vorsteht. Sie haben jedoch

29 Vgl. *Ahlers*, c. 515, in: MKCIC, Rn. 2 f.

30 S. *Aymans/Mörsdorf*, KanR II, 429 f.

31 Vgl. *Paarhammer*, c. 535, in: MKCIC, Rn. 2 f.

32 S. ebd., Rn. 12.

33 S. *Aymans/Mörsdorf*, KanR II, 430 f. Zu den Pflichten und Rechten des Pfarrers s. auch *Lederhilger*, Der Pfarrer, in: HdbKathKR³, ab 697 sowie insbesondere zur Führung der Pfarrkanzlei auf 700.

unterschiedliche Aufgaben: Der Pastoralrat wirkt bei der Seelsorge unterstützend am Gemeindeleben mit und ist insofern eher auf der Ebene der theologischen Verwirklichung des pfarrlichen Lebens zu verorten. Dabei ist er auch nicht obligatorisch durch universalkirchliches Recht vorgeschrieben, sondern seine Errichtung sowie die gesetzliche Ausgestaltung steht im Ermessen des Diözesanbischofs.[34] Das zweite Gremium, der Vermögensverwaltungsrat, hat zwar ebenfalls lediglich beratende Funktion in der kanonischen Pfarrei, ist aber vom Gesetzgeber für jede Pfarrei vorgeschrieben.[35] Dabei stellt der Vermögensverwaltungsrat jedoch kein die Pfarrei vertretendes Gremium dar, sondern handelt im Kirchenrecht aufgrund von kodikarischer Berufung im Namen der Kirche.[36]

III. Abgrenzung von Kirchengemeinde und Pfarrei

Im Ergebnis kann damit die begriffliche Abgrenzung zwischen Kirchengemeinde und Pfarrei vorgenommen und zusammengefasst werden: Kirchengemeinde und Pfarrei sind begrifflich bereits auf der vermögensrechtlichen Ebene nicht völlig deckungsgleich.

Kirchengemeinde und Pfarrei sind somit auch, unabhängig von der jeweiligen zugrunde liegenden real manifestierten Personengemeinschaft in ihrer eigenen Rechtsordnung, juristische Personen. Das Kirchenrecht regelt innerhalb seiner Rechtsordnung die Rechtsbeziehung der juristischen Person Pfarrei, während das staatliche Recht in Deutschland für den Bereich der Kirchengemeinde Anordnungen trifft.[37] Es ist daher nicht zwingend, dass Kirchengemeinde und Pfarrei territorial und organisatorisch

34 S. *Paarhammer,* c. 536, in: MKCIC, Rn. 2 f. sowie zum Verhältnis zwischen Pfarrgemeinderat und Vermögensverwaltungsrat auch *Kalde,* Pfarrpastoralrat, in: HdbKathKR³, 745, der die Möglichkeiten und personellen Verzahnungen zwischen Vermögensverwaltungsrat und Pfarrgemeinderat in den Diözesen im deutschsprachigen Raum darstellt. Die Einordnung der Pfarrgemeinderäte im System der Kirchenverfassung im Kontext bereits vorkonziliar bestehender Beratungsstrukturen auf der Pfarrebene in Deutschland stellt *Geringer*, Die deutschen Pfarrgemeinderäte, 42 als verfassungsrechtliches Problem dar, wobei er insbesondere auf Seite 56 f. auf die bestehenden Rechts- und Verständnisprobleme der Rolle des Pfarrgemeinderats als Pastoralrats hinweist.

35 S. *Paarhammer*, c. 537, in: MKCIC, Rn. 2.

36 Vgl. ebd., Rn. 7.

37 Vgl. *Sydow*, Zwei Seiten einer Medaille, 151.

übereinstimmen.[38] Infolge der Tatsache, dass sowohl die staatliche als auch die kirchliche Rechtsordnung nebeneinander existieren können, kann auch jede dieser Ordnungen für sich selbst das rein rechtliche Konstrukt der jeweiligen juristischen Person individuell determinieren.[39] Auch wenn der Begriff rein empirisch feststellbar auch im kanonischen Recht überwiegend synonym verwendet wird, gibt es in Deutschland Fälle, in denen das Gebiet bzw. die gemeinschaftliche Vereinigung einer Kirchengemeinde und einer Pfarrei verschieden sind, z. B. weil eine neu errichtete Kirchengemeinde aus mehreren kanonischen Pfarreien besteht oder in einer kanonischen Pfarrei mehrere Kirchengemeinden existieren.[40]

Auch pfarrähnliche Strukturen fallen unter den Begriff der Kirchengemeinde, darunter zählen insbesondere die Filial- und Expositurkirchengemeinden. Das sind im deutschsprachigen Raum verbreitete, nicht universalrechtlich geregelte „Untereinheiten" einer Pfarrei, die sich an eine Filialkirche, die jedoch weiterhin einer Pfarrei und einem Pfarrer als Seelsorger zugeordnet ist, anschließen.[41]

Neben den territorialen Unterschieden in Einzelfällen sind die jeweiligen juristischen Personen jedoch von den unterschiedlichen Funktionen und Zweckbestimmungen her verschieden. Dies impliziert auch, dass dem Staatskirchenrecht die theologische Komponente der Pfarrei von seiner Ordnungsmacht infolge des verfassungsrechtlich garantierten kirchlichen Selbstbestimmungsrechts und der religiösen Glaubens- und Gewissensfreiheit entzogen ist:[42] Für staatliche Hoheitsträger spielt es bspw. keine Rolle, ob der Pfarrer durch die Wahrnehmung seiner Applikationspflicht gem. C. 534 § 1 CIC die ihm anvertraute Hirtensorge erfüllt. Sofern dieser das nicht tut, kann der Staat auch nicht intervenieren und den Pfarrer dazu zwingen, dies zu tun.

Vielmehr besteht im Kernbereich religiöser Betätigung, wozu unter anderem auch Lehre und Kult zählen, ein der kirchlichen Eigenregelung überlassener Bereich.[43] Dieser Bereich ist dann der Kernbereich des ka-

38 S. ebd., 159.

39 Vgl. ebd., 153.

40 Beispiele finden sich bei *Platen*, Kirchengemeinde – Katholisch in LKRR, 829.

41 So *Hirnsperger*, Expositur, in: LKRR, 923 f.: „*Die E. ist gem. Teilkirchenrecht ein innerhalb der Pfarrei (Mutterpfarrei) abgegrenzter, also noch nicht durch kan. Trennung ausgeschiedener Teil der Pfarrei, der seelsorglich-praktische u. oft auch vermögensrechtliche Selbständigkeit genießt.*"

42 Vgl. *Korioth*, Selbstbestimmungsrecht, Rn. 9.

43 Vgl. ebd., Rn. 20 f.

nonischen Rechts zur Regelung der Pfarrei. Ob das kanonische Recht in C. 521 die Priesterweihe zur Voraussetzung für die Übertragung des Pfarramts macht und ob der Vermögensverwaltungsrat aus zehn oder zwanzig Menschen besteht, regelt das staatliche Recht im Grundsatz[44] nicht. Solange die Vermögenszuordnung und Teilhabemöglichkeit am Rechtsverkehr gesichert ist und ein verfassungsmäßig berufener Vertreter zur Verfügung steht, ist dem Zweck, den der deutsche Staat mit der juristischen Person der Kirchengemeinde verfolgt, genüge getan.

Der Unterschied zwischen der kanonischen Pfarrei und der staatskirchenrechtlichen Kirchengemeinde als Körperschaft des Öffentlichen Rechts lässt sich insofern auch durch die Tatsache veranschaulichen, dass Letztere als reine Vermögensträgerin grds. auch ohne einen einzigen Gläubigen als Mitglied bestehen und am Rechtsverkehr teilnehmen kann.[45] Im Gegensatz dazu kann die Pfarrei nach kanonischem Recht infolge der Wesenseigenschaft als Gemeinschaft von Gläubigen ohne diese gerade nicht existieren.[46] Dies verdeutlicht ebenfalls die Tatsache, dass die Vermögensverwaltung für die staatliche Organisation der kirchlichen juristischen Personen das (im Ergebnis einzige) relevante Kriterium ist, während die Pfarrei im Kirchenrecht sich eben nicht darin erschöpft. Das Kirchenrecht spiegelt viel stärker die Komponente der Pfarrei als Ort religiöser Sendung und Verwirklichung, als die staatliche Rechtsordnung dies könnte. Und vor dem Hintergrund, dass die religiöse Verwirklichung eben immer auch durch die Notwendigkeit von Strukturen und der Verfügbarkeit von Vermögen abhängt, ergibt sich diese Regelungssituation, die dasselbe real existierende Rechtsobjekt aus zwei verschiedenen Perspektiven mit unterschiedlichen – wenn auch nicht zwingend konträren – Zielen zwei verschiedenen Rechtsordnungen und Normkomplexen unterwirft.

Überlappungsfrei sind die Zwecke von Pfarrei als kirchenrechtlicher Größe und Kirchengemeinde als staatlicher juristischer Person deswegen jedoch nicht: Einen Vermögenszuordnungs-, -verwaltungs- und Repräsentationszweck besitzen beide im Rahmen der jeweiligen Vorschriften und Rechtsordnungen. Auch Vertretungs- und Verwaltungsorgane existieren sowohl in der kirchlichen als auch in der staatlichen Rechtsordnung. Daher

44 Auf die Ausnahmen wird in den entsprechenden Kapiteln eingegangen.

45 KdöR können zwar ohne Gläubige den Körperschaftsstatus nicht neu erlangen, vgl. Art. 140 GG i. V. m. Art. 147 Abs. 5 WRV, verlieren ihn jedoch nicht automatisch, wenn sie keine Mitglieder mehr haben.

46 Vgl. *Ahlers*, c. 515, in: MKCIC, Rn. 9.

werden die beiden Begriffe im Folgenden vor dem Hintergrund der vermögensrechtlichen Ausgestaltung des Staatskirchenrechts in Deutschland in ihren Dimensionen als Körperschaften synonym verwendet. Die folgenden Ausführungen zur Rolle der Pfarrei im Staatskirchenrecht Deutschlands sowie zu den länderspezifischen Besonderheiten in Bayern und Nordrhein-Westfalen greifen diesen dezidiert vermögensrechtlichen Hintergrund des deutschen staatskirchenrechtlichen Systems auf. Dies impliziert ebenfalls, dass die diskutierten Fragestellungen im Wesentlichen staatliches Recht und weniger kanonisches Recht betreffen.

IV. Fazit

Der Begriff der Kirchengemeinde ist ein staatskirchenrechtlicher, von der konkreten Religionsgemeinschaft unabhängiger Begriff zur Definition der untersten kirchlichen Organisationseinheit als Trägerin von Vermögen und zur Zuordnung von Mitgliedern.[47] Sie ist eine durch staatliches Recht ausgestaltete juristische Person. Die Pfarrei ist eine Vereinigung von Gläubigen, die in die kirchliche Hierarchie eingegliedert wird und sowohl eine theologische Größe als auch eine kirchliche öffentliche juristische Person konstituiert. Kirchengemeinde und Pfarrei sind regelmäßig synonym, verfolgen aber innerhalb ihrer Rechtsordnung jeweils unterschiedliche Zwecke, wobei sich auf der (Vermögens)verwaltungsebene Überlappungen ergeben. Bei der staatskirchlichen Ordnung bleibt die innerkirchliche, vom kirchlichen Sendungszweck ausgehende Dimension außen vor.[48]

47 Vgl. B. I.
48 Dazu B. III.

C. Die Pfarrei als Kirchengemeinde im staatlichen Rechtsgefüge

Kirche und Staat sind in Deutschland nicht vollständig getrennt. Art. 140 GG stellt in Verbindung mit dem durch ihn fortgeltenden Art. 137 Abs. 1 WRV zwar klar, dass keine Staatskirche besteht. Dennoch beschreibt das BVerfG das Verhältnis zwischen Staat und Kirche als von einer fördernden Haltung[49] geprägt.

I. Religionsverfassungsrechtliche Grundlagen der Organisation der Pfarrei als Körperschaft des Öffentlichen Rechts

Dieses Verhältnis schlägt nicht nur auf die katholische Kirche als Gesamtheit aller Gläubigen in Deutschland durch, sondern wirkt sich auch in der hierarchischen Struktur der kirchlichen Organisationsformen aus: Charakteristisch ist hier das in Art. 137 Abs. 3 WRV angeordnete Selbstbestimmungsrecht der Kirchen. Dieses gewährleistet den Kirchen und somit auch den einzelnen Diözesen als obersten kirchlichen Organisationsinstanzen in Deutschland die volle Eigenständigkeit und das Fernbleiben staatlicher Einmischung bei der Einrichtung und Änderung von Pfarreien und pfarrlichen Strukturen.[50]

Art. 137 Abs. 5 WRV ordnet den Religionsgesellschaften auf dem Selbstbestimmungsrecht aufbauend den Status einer Körperschaft des Öffentlichen Rechts zu. Dieser Status als Körperschaft des Öffentlichen Rechts ist im Wesentlichen historisch bedingt. Er entwickelte sich in der frühen Neuzeit infolge der Reformation auf dem Gebiet des Heiligen Römischen Reichs. Eine qualitative Weiterentwicklung erfuhr er im Preußen des 19. Jahrhunderts.[51] In dieser Zeit implizierte er für die Kirchen (und auch für andere Träger von Aufgaben des öffentlichen Lebens) durch die mit dem Körperschaftsstatus verbundenen Privilegien nicht nur eine her-

49 Vgl. BVerfG, NJW 2020, 1049.

50 Vgl. *Bamberger*, Vertretungsrecht, 1.

51 Vgl. dazu nur Allgemeines Landrecht für die Preußischen Staaten von 1794, Teil 2 Titel 11 §§ 17, 32, bei *Koch*, Allgemeines Landrecht, 167.

vorgehobene Stellung, sondern auch eine umfassende staatliche Aufsicht auf das kirchliche Handeln.[52]

Das religionsverfassungsrechtliche Grundverständnis von Kirche und Staat in Deutschland reflektiert gerade die staatliche Aufsicht über kirchliches Handeln bereits seit der Weimarer Reichsverfassung nicht mehr. Art. 137 Abs. 1 WRV ordnet die Trennung von Kirche und Staat an und entzieht damit dem Körperschaftsstatus bis zu einem bestimmten Grad seine ursprüngliche aufsichtsrechtliche Legitimation. Dennoch besteht – unabhängig von der verfassungstheoretischen Legitimation der an dieser Stelle bestehenden Ausnahme der Trennung von Staat und Kirche – für verfasste Organisationseinheiten von Religionsgemeinschaften die Möglichkeit zur Erlangung eines solchen Status weiter. [53]

Der Körperschaftsstatus wird heute als ‚Angebot' des Staats an die Religionsgemeinschaften verstanden.[54] Sie sind nicht verpflichtet, ihre Strukturen in dieser Rechtsform zu ordnen (das wäre ein Verstoß gegen ihr Selbstbestimmungsrecht). Sie können auch nach dem bürgerlichen Recht verfasst sein und bspw. als eingetragene Vereine Rechtsfähigkeit erlangen (Art. 137 Abs. 4 WRV).

An dieser Stelle ist jedoch zu betonen, dass die kirchlichen Organisationseinheiten in ihrem Status als Körperschaft des Öffentlichen Rechts – sofern sie in diesem Status verfasst sind – wesentlich unterschiedlich zu denen des staatlichen Verwaltungsorganisationsrechts sind. Sie werden zunächst nicht durch einen staatlichen Hoheitsakt errichtet. Darüber hinaus sind sie weder in den staatlichen Verwaltungsapparat eingegliedert, noch sind ihre Aufgaben regelmäßig als hoheitlich zu qualifizieren.[55] Lediglich für die Fälle, in denen eine Pfarrei als Beliehene Aufgaben der Staatsverwaltung wahrnimmt, sind solche Tätigkeiten – dann jedoch aufgrund der durch staatlichen Hoheitsakt vorgenommenen Beleihung – Hoheitsakte. Eine staatliche Rechts- oder Fachaufsicht besteht ebenfalls ausschließlich für diese Bereiche.[56]

Im Zusammenhang mit dem Begriff der Körperschaft des Öffentlichen Rechts bestehen damit zwischen den verfassten kirchlichen Körperschaften und bspw. den Verwaltungsbehörden als anderen Trägern von Hoheits-

52 S. *Muckel*, Religionsgemeinschaften als Körperschaften, 573 f.
53 S. *Korioth,* Art. 137 V WRV, Rn. 67.
54 S. *Morlok,* Art. 137 WRV, Rn. 83.
55 S. BVerwG, BVerwGE 68, 62.
56 Vgl. *Korioth,* Art.137 V WRV, Rn. 67.

gewalt qualitative Unterschiede, sodass die kirchlichen Körperschaften des Öffentlichen Rechts solche *sui generis*[57] sind, denen zwar kein öffentlich-rechtlicher Gesamtstatus zukommt, deren Handeln jedoch in Einzelfällen öffentlich-rechtlich sein kann.[58] Jedenfalls führt die Verleihung der Körperschaftsrechte an die kirchlichen Organisationseinheiten dazu, dass das partnerschaftliche Verhältnis zwischen Staat und Kirche gefördert wird und eine Kooperation durch wechselseitige Anerkennung und Gewährung von Privilegien stattfinden kann.[59]

Die kirchlichen Körperschaften des Öffentlichen Rechts werden jedoch nicht nur durch die religionsverfassungsrechtlichen Privilegien aus Art. 140 GG i. V. m. den Vorschriften aus Art. 136–139 und 141 WRV charakterisiert, sondern auch durch Art. 4 GG, der die Religions- und Weltanschauungsfreiheit regelt. Zum einen garantiert das Zusammenspiel aus Selbstverwaltungsfreiheit und Religionsfreiheit einen unantastbaren Kern der religiösen Betätigung.[60] In diesem Bereich führt der Status einer Pfarrei als Körperschaft des Öffentlichen Rechts für diese zu keiner Grundrechtsbindung in ihrem Handeln, sondern gewährt eine Grundrechtsberechtigung gegenüber anderen staatlichen Hoheitsträgern in einer freiheits- bzw. abwehrrechtlichen Dimension.[61] Hier können sich die kirchlichen Körperschaften des Öffentlichen Rechts, da sie sich in einer grundrechtstypischen Gefährdungslage befinden, auf ihre Religionsfreiheit aus Art. 4 GG berufen.[62] So kann die Nichtgewährung des Status als Körperschaft des Öffentlichen Rechts, bspw. im Rahmen pfarrlicher Umstrukturierungen, sowohl eine Verletzung von Art. 140 GG i. V. m. Art. 137 Abs. 5 S. 2 WRV darstellen, als auch die religiöse Vereinigungsfreiheit in Art. 4 GG verletzten. Gleichzeitig impliziert Art. 4 GG keinen allgemeinen Anspruch von Religionsgemeinschaften auf die Organisationsform der Körperschaft des Öffentlichen Rechts als solcher, insofern könnte der Gesetzgeber, ohne einen Verfassungsverstoß zu begehen, dieses Recht für alle Religionsgemeinschaften zusammen auch wieder abschaffen.[63]

57 Vgl. ebd.

58 Vgl. ebd.

59 S. *Muckel*, Religionsgemeinschaften als Körperschaften, 589.

60 S. *Weber*, Kirchen und andere Religionsgemeinschaften als Träger und Adressaten der Grundrechte, Rn. 29 f.

61 Vgl. ebd., sowie auch zustimmend *Heinig*, Religions- und Weltanschauungsfreiheit, Rn. 84 f.

62 S. BVerfG, BVerfGE 21, 373 f.

63 S. *Weber*, Kirchen und andere Religionsgemeinschaften, Rn. 16.

Eine Grundrechtsbindung besteht für kirchliche Körperschaften des Öffentlichen Rechts nur dann, wenn sie entweder in ihren eigenen Belangen (z. B. bei der Besteuerung oder wenn sie öffentliche Sachen diskriminierungsfrei zur Verfügung stellen müssen) oder als Beliehene in einer Form von Über-Unterordnungsverhältnis einem anderen Rechtssubjekt gegenübertreten.[64] In den anderen Bereichen, also solchen, die weder im Kern religiöse Betätigung noch dezidiert hoheitlich sind, besteht im Rahmen der Bindung der kirchlichen Körperschaft des Öffentlichen Rechts an die allgemeinen Gesetze auch eine mittelbare Drittwirkung von Grundrechten wie bei den anderen Subjekten im Rechtsverkehr auch. Bei privatrechtlichen Rechtsverhältnissen von Pfarreien sind also – wie in anderen zivilrechtlichen Verträgen auch – bei der Anwendung der gesetzlichen Vorschriften Bedeutung und Tragweite der Grundrechte mit zu berücksichtigen.[65]

Die bisherigen Ausführungen zur Bedeutung und Rolle des Begriffs der Körperschaft gelten nicht nur für Diözesen oder oberste Organisationseinheiten, sondern für alle Organisationseinheiten, die darunter verfasst sind.[66] Damit gewährt der Status als Körperschaft des Öffentlichen Rechts im geltenden Recht auch für die Pfarreien noch einige Privilegien, die sie von ‚gewöhnlichen' Vereinen unterscheiden, auf die noch eingegangen wird.

II. Konkordatsrechtliche Bestimmungen

Das Reichskonkordat von 1933 konkretisiert diese aus dem Selbstbestimmungsrecht der Kirchen herzuleitende Autonomie bei der Organisation der Kirchengemeinden in Art. 12 und Art. 13. Dieses Reichskonkordat ist, obwohl es vor der Gründung der Bundesrepublik Deutschland geschlossen wurde, bis heute geltendes Recht und hat durch die völkerrechtliche Nachfolge der Bundesrepublik Deutschland zum Deutschen Reich nach Rechtsprechung des Bundesverfassungsgerichts immer noch Gesetzeskraft in Deutschland.[67] Daher ist es auch heute noch der gesamtdeutsch geltende Vertrag, der sich auf die Rolle der Pfarrei im Staatskirchenrecht auswirkt.

Art. 12 und Art. 13 des Reichskonkordats sichern den kirchlichen Körperschaften des Öffentlichen Rechts auch konkordatsrechtlich die entsprechenden Autonomiebefugnisse zu: In Art. 12 wird die Freiheit der

64 S. ebd., Rn. 31.
65 S. ebd., Rn. 34.
66 Vgl. *Korioth*, Art. 137 V WRV, Rn. 70.
67 Vgl. BVerfG, BVerfGE 6, 309.

Strukturierung kirchlicher Organisationsformen ohne die Beanspruchung staatlicher Mittel festgelegt, während die staatliche Möglichkeit zur Mitwirkung bei der Umstrukturierung von Kirchengemeinden ebenfalls festgelegt wird.[68] Darüber hinaus stellt Art. 13 klar, was auch in der WRV bereits festgelegt wurde: Die Rechtsfähigkeit kirchlicher juristischer Personen erfolgt nach den Vorschriften des staatlichen Rechts, den bereits existierenden Körperschaften des Öffentlichen Rechts wird ihr Bestand gesichert und die Möglichkeit zur Neuerrichtung nach allgemeinen Gesetzen bestätigt.

Darüber hinaus wirkt sich das Reichskonkordat jedoch noch auf anderer Ebene auf die Pfarreien aus, nämlich bei der Bestellung von Pfarrern. In Art. 14 Nr. 1 des Konkordats sind verschiedene Mindestanforderungen, welche Kleriker zur Ausübung geistlicher Ämter in Deutschland erfüllen müssen, vereinbart. Sie müssen die deutsche Staatsbürgerschaft besitzen, über ein qualifizierendes Reifezeugnis nach staatlichem Recht verfügen und ein mindestens dreijähriges Studium an einer entsprechenden theologischen Lehranstalt abgeschlossen haben.[69] Hier hat sich der deutsche Staat also einvernehmlich mit dem Hl. Stuhl auf eine Einschränkung der kirchlichen Personalautonomie geeinigt, die eigentlich dem Kern der kirchlichen Selbstbestimmungsfreiheit unterliegt.[70] Jene wirkt sich insofern auf die Pfarrei aus, als dass pfarrliche Seelsorger zumindest in der Rolle als Pfarrer die Voraussetzungen des Konkordats erfüllen müssen, um ihre Position ausüben zu dürfen. Insofern wäre eine Besetzung einer Pfarrstelle mit einem nicht entsprechend qualifizierten Kandidaten ein Vertragsbruch von Seiten der Diözese, die insofern eine Gehilfenstellung für den Hl. Stuhl bei der Vertragserfüllung innehat.[71]

Für die Rolle der Pfarrei im Staatskirchenrecht impliziert das Reichskonkordat damit jedoch keine inhaltlichen Unterschiede zu den bestehenden religionsverfassungsrechtlichen Bestimmungen. Anders ausgedrückt wäre ihre Rechtsstellung und ihre Einordnung im staatlichen Rechtsgefüge auch ohne das Reichskonkordat identisch. Lediglich für den Fall, dass der Gesamtstatus der Pfarrei als kirchliche Körperschaft des Öffentlichen

---

68 S. unten unter C. III. 1.

69 S. *Mückl,* Kirchliche Organisation, Rn. 17 f.

70 Vgl. ebd.

71 Ob und inwiefern ein solcher Vertragsbruch gerichtlich geltend gemacht werden könnte, ist jedoch unklar, vgl. zur Problematik *Rüfner,* Staatlicher Rechtsschutz gegen Kirchen, *passim; Mückl*, Kirchliche Organisation, Rn. 17.

Rechts per Verfassungsänderung zur Disposition stünde, spielte eine Bindung des deutschen Staats an die Verpflichtungen aus dem Reichskonkordat[72] eine Rolle.

III. Die Pfarrei zwischen Zivil- und Öffentlichem Recht

Als Körperschaft Öffentlichen Rechts ist die Pfarrei jedoch, anders als bspw. ein Sportverein, der nicht vor den Verwaltungsgerichten verklagt werden kann, in verschiedenen Teilen der deutschen Rechtsordnung Träger von Rechten und Pflichten. Dies wird daran deutlich, dass für das Handeln einer Pfarrei bzw. einer Kirchengemeinde oder einer damit assoziierten Vermögensmasse je nach der Art des Handelns der zivilrechtliche oder der verwaltungsrechtliche Weg als Rechtsschutzmöglichkeit eröffnet sein kann.

1. Die Pfarrei im Öffentlichen Recht

Trotz des nur beschränkten öffentlich-rechtlichen Charakters, den der Status als Körperschaft des Öffentlichen Rechts für die einzelnen Pfarreien bzw. kirchlichen Strukturen impliziert, gewährt ebendieser den einzelnen Organisationseinheiten verschiedene Privilegien, auf die im Folgenden kurz einzugehen ist:

Zunächst kann hier das sog. Parochialrecht angeführt werden. Dieses Recht regelt die Zuordnung einer natürlichen Person anhand ihres Wohnsitzes zu einer kirchlichen Körperschaft des Öffentlichen Rechts: Jedes Mitglied der katholischen Kirche wird aufgrund seines Wohnsitzes Mitglied der Kirchengemeinde, die für seinen Wohnort zuständig ist. Dies ist aus Sicht des Staatskirchenrechts insofern von Bedeutung, als dass die innerkirchliche Zuordnung der Person zu einer Pfarrei verbindliche Wirkung für das staatliche Recht entfaltet, mithin also auch das lokale Kirchensteuerrecht beeinflusst.[73]

Aus dem Körperschaftsstatus folgt i. V. m. Art. 137 Abs. 6 WRV auch das Besteuerungsrecht, also das Recht zur Erhebung von Kirchensteuern und die Möglichkeit, diese auch durch die staatliche Finanzverwaltung einziehen zu lassen.[74] Die Kirchensteuer ist eine echte Steuer, die

72 Vgl. dazu *Mückl*, Verträge zwischen Staat und Kirchen, Rn. 61.

73 S. *Muckel*, Religionsgemeinschaften als Körperschaften, 577 f.

74 Vgl. *Hammer*, Kirchensteuer und Besteuerungsrecht, Rn. 26.

die entsprechende Definition des deutschen Steuerrechts erfüllt und den steuereinzugsberechtigten Körperschaften zusteht.[75] Die Ausgestaltung der Kirchensteuer ist mit wenigen Einschränkungen durch staatliches Recht vorgenommen worden, insofern ist sie für das kanonische Recht gem. C. 3 CIC i. V. m. den landesrechtlichen Konkordaten und dem Reichskonkordat ausreichende Rechtsgrundlage zur kanonischen Sicherung des Kirchenvermögens.[76] Das Recht zur Besteuerung kommt den Körperschaften des Öffentlichen Rechts gerade aufgrund dieses Status zu; als Verein organisierten Religionsgemeinschaften steht es nicht zu.[77] Die Kirchensteuern werden (gegen staatlichen Kosteneinbehalt) von staatlichen Behörden eingezogen, also besteht für die kirchensteuereinzugsberechtigten Körperschaften des Öffentlichen Rechts auch die Möglichkeit, gegen die Steuerschuldner mit Hilfe der zuständigen staatlichen Stellen Schuldtitel zu vollstrecken.[78] Die einzelnen Ausgestaltungen der Kirchensteuer unterscheiden sich teilweise von Bundesland zu Bundesland, auf die unterschiedlichen Auswirkungen des Besteuerungsrechts auf Landesebene wird daher noch einzugehen sein.

Weiterhin ergibt sich für die Pfarreien eine Dienstherren- und Disziplinargewalt. Diese ist in der katholischen Kirche zwar nicht weit verbreitet,[79] es bestünde jedoch auch für Kirchengemeinden die Möglichkeit, Dienstverhältnisse nach öffentlichem Recht zu begründen, dafür eigenes Dienstrecht oder Beamtenrecht anzuwenden und unter Unterstützung von staatlicher Amtshilfe Disziplinarrecht außerhalb des ordentlichen Arbeits- bzw. Sozialversicherungsrechts auszuüben.[80]

Der Status als Körperschaft des Öffentlichen Rechts impliziert, mittelbar verbunden mit dem verfassungsrechtlich hergeleiteten Selbstbestimmungsrecht und der Religionsfreiheit, auch eine umfassende Organisationsfreiheit kirchlicher Strukturen auf verschiedenen hierarchischen Ebenen: Das Selbstbestimmungsrecht garantiert den Kirchen, und somit auch den einzelnen Diözesen als obersten kirchlichen Organisationsinstanzen in Deutschland,[81] die volle Eigenständigkeit und das Fernbleiben staatlicher Einmischung bei der Einrichtung und Änderung von Pfarrei-

75 S. ebd., Rn. 1.
76 S. ebd., Rn. 16.
77 S. ebd., Rn. 23.
78 Vgl. ebd., Rn. 25.
79 Vgl. *Muckel,* Religionsgemeinschaften als Körperschaften, 575 f.
80 S. ebd.
81 Vgl. *Bamberger*, Vertretungsrecht, 2.

en und pfarrlichen Strukturen. Im innerkirchlichen Bereich darf jeder Bischof frei entscheiden, ob und inwiefern er eine Pfarrei neu errichtet, zwei Pfarreien zusammenlegt oder auch eine Pfarrei auflöst, staatliche Einmischungen wären in diesem Zusammenhang verfassungswidrig.[82] Die verfassungsrechtlich den Körperschaften des Öffentlichen Rechts gewährte Organisationsfreiheit geht jedoch über ein reines Fernbleiben staatlicher Einmischung in innerkirchliche Strukturen hinaus.[83] Sie garantiert den Religionsgemeinschaften die Möglichkeit, solche innerkirchlichen Strukturen auch als Körperschaft des Öffentlichen Rechts mit öffentlich-rechtlicher Wirkung zu errichten.[84] Insofern können die Religionsgemeinschaften dies jedoch nicht selbst tun, eine innerkirchliche Umstrukturierung von Pfarreien hat insofern ohne staatliche Teilhabe keine rechtliche Wirkung im staatlichen Recht. Kirchliche Stellen sind daher bei der Umstrukturierung ihrer Organisationseinheiten immer auf die Anerkennung bzw. Mitwirkung der zuständigen staatlichen Stellen angewiesen.[85]

Dies kann grundsätzlich auf zwei verschiedene Arten geschehen, wobei die erste Möglichkeit folgende ist: Durch die Entscheidung einer kirchlichen Stelle wird eine neue Pfarrei geschaffen und die zuständige Behörde verleiht auf Antrag der neuen kirchlichen Organisationseinheit den Körperschaftsstatus. Andererseits kann es auch der Fall sein, dass die staatlichen Stellen vorab generell dem entsprechenden Bistum eine ‚antizipierte Einrichtung' der jeweiligen Körperschaften eingeräumt haben.[86]

Jedenfalls ist dennoch die Möglichkeit der Einflussnahme von staatlichen Stellen begrenzt. Das kirchliche Selbstbestimmungsrecht garantiert, dass die staatlichen Stellen den entsprechenden Strukturveränderungen oder Schaffungen von Körperschaften des Öffentlichen Rechts zustimmen werden und dass von Seiten der Kirchen ein Anspruch darauf besteht.[87] Jegliche Form von Ablehnung oder Änderungsvorschlägen, die über das Vorbringen von Bedenken[88] hinausgeht, würde die verfassungsrechtlich garantierte Organisationsfreiheit kirchlichen Handelns verletzen. Für die Änderung oder Auflösung von Kirchengemeinden bestehen damit im We-

82 Vgl. *Magen*, Kirchen als Körperschaften, Rn. 24.

83 Das dürfte sich bereits aus Art. 4 GG ergeben.

84 S. *Magen*, Kirchen als Körperschaften, Rn. 41.

85 S. ebd.

86 S. *Rüfner*, Gründung juristischer Personen, 432.

87 Vgl. nur BVerwG, BVerwGE 105, 107, 118–120.

88 Ein solches Recht wurde vielfach kirchenvertraglich vereinbart, vgl. *Rüfner*, Gründung juristischer Personen, 438.

sentlichen außer den formellen Voraussetzungen von staatskirchenrechtlicher Seite auch keine weiteren Mindestvoraussetzungen, insofern würden entsprechende staatliche Vorschriften im Widerspruch zum kirchlichen Selbstbestimmungsrecht stehen.[89]

Darüber hinaus existieren noch eine Reihe weiterer Vorteile von kirchlichen Körperschaften des Öffentlichen Rechts gegenüber zivilrechtlichen Vereinen, die unter dem Begriff des Privilegienbündels[90] zusammengefasst werden: Hierzu gehören u. a. verschiedene Befreiungen von Gerichtskosten und Steuererleichterungen, die Anerkennung als Jugendhilfeträger, ein Recht, bei der Prüfung jugendgefährdender Medien mitwirken zu können, sowie eine Rücksichtnahmepflicht, insbesondere auf dem Gebiet der Bauleitplanung.[91] Anders als die anderen Privilegien kirchlicher Körperschaften des Öffentlichen Rechts ergeben sich diese Bevorzugungen jedoch nicht unmittelbar aus dem Status als Körperschaft des Öffentlichen Rechts als solchem. Vielmehr sind sie in den einfachen Gesetzen geregelt und knüpfen lediglich an die Eigenschaft als Körperschaft des Öffentlichen Rechts an. Daher kann der Gesetzgeber die mit dem Privilegienbündel verbundenen Rechte jederzeit wieder einschränken oder ganz abschaffen, ohne dass dadurch die verfassungsrechtlichen Garantien zugunsten kirchlicher Körperschaften des Öffentlichen Rechts verletzt würden.[92]

Der Status als Körperschaft des Öffentlichen Rechts impliziert jedoch nicht nur Vorteile, sondern hat auch zur Konsequenz, dass Teile kirchlichen Handelns als kirchenexternes Verhalten der öffentlichen Ausübung kirchlichen Handelns zugeschrieben werden und dementsprechend dem öffentlichen Recht unterfallen. Dies kann am Beispiel der ‚Glockengeläutsentscheidung' des BVerwG[93] veranschaulicht werden: In dieser Entscheidung hatte das BVerwG die Frage zu entscheiden, ob für die Geltendmachung eines Unterlassungsanspruchs gegen kirchliches Glockengeläut der Rechtsweg zu den Zivil- oder Verwaltungsgerichten offensteht. Das Gericht stellte hier zunächst fest, dass kirchliches Glockenläuten, sofern es das Ruhebedürfnis von Nachbarn tangiert, die staatliche Sphäre in deren Schutzpflicht hinsichtlich ebendieses Schutzgutes tangiert. Daher sei

89 Vgl. ebd., 439 f.

90 S. Kritisch zu diesem Begriff: *von Campenhausen/de Wall*, Religionsverfassungsrecht, § 30 Rn. 36 f.

91 S. *Muckel*, Religionsgemeinschaften als Körperschaften, 578.

92 S. ebd.

93 Vgl. BVerwGE 68, 62.

für Klagen gegen kirchliches Glockengeläut trotz dessen sakraler Natur der Rechtsweg zu den staatlichen Gerichten eröffnet.[94] Infolge der Tatsache, dass die Gemeinde die Glocken als Körperschaft des Öffentlichen Rechts zu kultischen Zwecken verwendet, seien diese entsprechend ihrer Natur als *res sacrae*[95] öffentliche Sachen. Weiter führt das Gericht aus, dass kirchliche Körperschaften, soweit sie in ihrem kirchlichen Wirken tätig seien, zwar keine staatliche Gewalt (sie sind gerade nicht in den staatlichen Verwaltungsapparat integriert, vgl. oben, Anm. d. Verf.), ausübten, ihr Handeln als solches jedoch eine öffentliche Amtsausübung sei.[96] Insofern sei öffentliches Handeln, wozu vorliegend auch das öffentliche Kirchengeläut zählt, dem öffentlichen Recht zuzuordnen. Dies ergebe sich auch daraus, dass die Rechtsbeziehungen einer öffentlich gewidmeten Sache nach den Maßgaben dieses öffentlichen Rechts zu bestimmen sind und der Gebrauch einer spezifisch gewidmeten Sache nicht dem Privatrecht unterliegen könne.[97]
In Zusammenhang mit dieser Entscheidung lassen sich also für die Zuordnung pfarrlichen Handelns folgende Erkenntnisse gewinnen: Jedes pfarrliche Handeln, das mit Außenwirkung im Kernbereich die kirchliche, katholische Religionsausübung tangiert, ist dem öffentlichen Recht zuzuordnen und muss gerichtlich vor den Verwaltungsgerichten angegriffen werden. Anders sieht dies bei anderen Handlungen aus: Wenn eine Pfarrei einen Vertrag schließt oder wenn ein pfarrlicher Kindergarten Hausverbot erteilt, handelt es sich nicht um öffentliches Handeln im Rahmen der Religionsausübung, sondern um privatrechtliches Handeln.[98] Das gilt auch, wenn kirchliches Glockengeläut nicht sakral ist (bspw. für das Stundengeläut). In diesem Fall ist nämlich selbst bei einer öffentlich gewidmeten Sache mit dem Stundenschlag nicht die Ausübung der religiösen Tätigkeit verbunden, sodass es sich nicht um einen Fall öffentlicher Religionsausübung

94 S. ebd., Rn. 5.

95 Zu den tlw. unklaren Implikationen des Status als *res sacra* verbunden mit einer für KdöR verbundenen korrespondierenden Möglichkeit, durch Widmungsakt eine öffentliche Sache zu schaffen, vgl. *von Campenhausen/de Wall*, Religionsverfassungsrecht, Fn. 30 zu § 30 Rn. 23, hier wird insbesondere auf den Komplex an Rechtsstreitigkeiten in der Münchener *St.-Salvator-Kirche* verwiesen.

96 S. BVerwGE 68, 62, Rn. 10 f.

97 S. ebd. Weiterhin führte das Gericht noch zur Zumutbarkeit des Glockengeläuts im zu entscheidenden Fall aus. Das berührt die staatskirchenrechtliche Einordnung des KdöR-Status jedoch nicht mehr.

98 Vgl. *Korioth*, Art. 137 V WRV, Rn. 68.

handelt.[99] In den dargestellten nichtöffentlichen Fällen ist durch kirchliches zivilrechtliches Handeln der Privatrechtsweg gegeben.

2. Die Bindung der Pfarrei an staatliches (Steuer-)Recht

Beim kirchlichen Handeln als Körperschaft des Öffentlichen Rechts gilt jedoch eine umfassende Bindung an die allgemeinen Gesetze des staatlichen Rechts. Eine erst kürzlich letztinstanzlich entschiedene Rechtssache auf dem Gebiet des Steuerrechts verdeutlicht in diesem Zusammenhang erneut, dass der Status der Pfarrei als Körperschaft des Öffentlichen Rechts nur sehr eingeschränkte ‚Sonderbefugnisse' impliziert und gerade das Selbstbestimmungsrecht der Kirchen keine unbeschränkte Gestaltungsfreiheit impliziert: Der BFH hatte hier in einem Revisionsverfahren einer Entscheidung des FG Münster[100] über die Frage zu entscheiden, inwiefern eine Zusammenlegung von Pfarreien, mit der die Vereinigung von GmbH-Anteilen auf die neue Kirchengemeinde verbunden ist, zu einer Grunderwerbssteuerpflicht nach dem Grunderwerbssteuergesetz führen kann.[101]

Konkret ging es darum, dass zwei Pfarreien im Bistum Münster zu einer neuen Pfarrei fusioniert wurden. Beide alten Pfarreien hatten unterschiedliche Anteile an einer grundbesitzenden karitativen GmbH, die wiederum Alleingesellschafterin einer Krankenhaus-GmbH war. Durch die Fusionierung, die durch bischöfliches Dekret kirchenintern vollzogen wurde und staatlicherseits anerkannt wurde, wurde die neue Pfarrei Alleineigentümerin der GmbH. Das zuständige Finanzamt sah in dieser Pfarreienfusion bzw. der Anteilsvereinigung einen grunderwerbssteuerpflichtigen Vorgang zum Erwerb von Grundeigentum gem. § 1 Abs. 3 S. 2 GreStG. Diese Norm begründet eine Grundsteuerpflicht für einen Vorgang, bei dem Anteile an einer grundbesitzenden Gesellschaft von mehr als 95 % der Gesamtgesellschaftsanteile in einer juristischen Person vereinigt werden. Entsprechend stellte das Finanzamt infolge der neuen Alleinanteilseignerschaft der neu errichteten Pfarrei die Steuerschuld fest.[102]

Gegen diese Entscheidung legte die neue Gemeinde zunächst Einspruch ein, nach dessen Zurückweisung erhob sie Klage zum zuständigen Finanzgericht, was die Klage jedoch abwies, jedoch die Revision zuließ.

99 Vgl. BVerwG, NJW 1994, 956.
100 S. FG Münster, DStRE 2022, 745.
101 S. BFH, DStRE 2023, 1190.
102 S. ebd., Rn. 3, 5.

Der BFH hob das erste Urteil des FG Münster dann zunächst aus formellen Gründen auf, weil das Finanzamt im Ausgangsbescheid den falschen Steuerstichtag für den Erwerbsvorgang zugrunde legte und fehlerhaft auf das Datum des kirchlichen Fusionsdekrets und nicht auf das der staatlichen Anerkennung rekurrierte.[103] Zur Frage der Grunderwerbssteuerpflicht bei innerkirchlichen Umstrukturierungen äußerte der BFH sich in seiner ersten Entscheidung jedoch nicht.

Nachdem die neue Gemeinde auch gegen den geänderten Bescheid vorging und gegen die Klageabweisung des FG Münster[104] erneut ein Revisionsverfahren vor dem BFH anstrengte, konnte dieser sich auch materiell mit den Argumenten der Pfarrei, weswegen der Vorgang nicht grunderwerbssteuerpflichtig sei, auseinandersetzen. Diese führte insbesondere an, dass es sich bei der Fusion und der damit verbundenen Vereinigung der Anteile an der GmbH um eine rein innerkirchliche Angelegenheit handle, die nicht auf einem bürgerlich- oder öffentlich-rechtlichen Vorgang gem. § 1 Abs. 3 S. 2 GreStG beruhe. Darüber hinaus stehe der Besteuerung dieser – aus Sicht der Gemeinde rein innerkirchlichen Angelegenheit – im Wesentlichen das verfassungsrechtlich garantierte Selbstbestimmungsrecht entgegen. Weiterhin sei durch die Fusionierung ein Übergang öffentlich-rechtlicher Aufgaben auf die neue Pfarrei vorgenommen worden, sodass der Grunderwerbssteuerbefreiungstatbestand des § 4 Nr. 1 GreStG einschlägig sei. Zuletzt handle es sich *de facto* um eine freigiebige Zuwendung der einen an die andere Pfarrei, sodass sich daraus eine Befreiung von der Grunderwerbssteuer ergebe.[105]

Der BFH folgte diesen Argumenten nicht und wies die Revision zurück und leistete insofern auch einen Beitrag zur Präzisierung der Rolle von Pfarreien als Körperschaften des Öffentlichen Rechts und der damit verbundenen Rechtsverhältnisse: Er stellte zunächst klar, dass ein bürgerlich- oder öffentlich-rechtlicher Vorgang durch § 1 Abs. 3 S. 2 GreStG nicht gefordert sei, vielmehr reiche die erstmalige Vereinigung der Anteilsmehrheit einer grundbesitzenden Gesellschaft von über 95 % in einer juristischen Person aus, um den steuerpflichtigen Erwerbsvorgang auszulösen, was im vorliegenden Fall durch die staatliche Bewirkung der Anerkennung der innerkirchlichen Fusion geschehen sei.[106]

103 S. ebd., Rn. 6.
104 S. FG Münster, DStRE 2022, 745.
105 S. BFH, DStRE 2023, 1190, Rn. 9–12.
106 S. ebd., Rn. 26 f.

Darüber hinaus stelle die Besteuerung keinen ungerechtfertigten Eingriff in den Schutzbereich des kirchlichen Selbstbestimmungsrechts dar. Dieses Recht impliziere zunächst, vom Blickwinkel des Selbstverständnisses der entsprechenden Religionsgemeinschaft aus gesehen, eine Freiheit, alles, was als eigene Angelegenheit der Kirche verstanden wird, zu ordnen und zu verwalten. Insbesondere beinhalte das eine Freiheit von staatlichen Eingriffen in die Ordnung des Aufgabenbereichs des religiösen Grundauftrags. Dieses Recht sei wesentlich für die Verwirklichung des religiösen Lebens, sei jedoch durch die universell verbindlichen Normen des staatlichen Rechts beschränkt. Zu diesen universell verbindlichen Normen gehören auch die Vorschriften des materiellen Steuerrechts und damit auch diejenigen des GreStG, sodass der Pfarrei nicht per se aufgrund des Selbstbestimmungsrechts eine Grunderwerbssteuerfreiheit zustehe.[107]

Durch die Grunderwerbssteuerpflicht sei die innerkirchliche Organisationsfreiheit auch nicht eingeschränkt, denn die Neugliederung der Pfarreien durch das entsprechende bischöfliche Dekret verbleibe als innerkirchlicher Organisationsakt zunächst ohne rechtliche Außenwirkung. Erst mit der Anerkennung durch die staatliche Behörde wird der Status der neuen Pfarrei als Körperschaft des Öffentlichen Rechts im Außenverhältnis wirksam. Insofern korrespondiere mit diesem Status dann auch die Bindung an staatliches Recht und damit auch die Bindung an das Grunderwerbssteuerrecht, sodass mit dem Anerkennungsakt eine durch weltliches Recht geregelte Rechtsfolge einhergehe, die dafür sorge, dass keine rein innerkirchliche Angelegenheit mehr vorliege. Auch der Schutz für zu Wohltätigkeitszwecken genutztes kirchliches Vermögen gelte nur in den Grenzen des materiellen allgemeinverbindlichen Steuerrechts und sei hier nicht verletzt.[108]

Auch um eine freigiebige Zuordnung handelt es sich bei der Anteilsvereinigung durch Fusionierung aus Sicht des BFH nicht. Die beiden alten Pfarreien haben nicht ihre Anteile freigiebig auf die neue Pfarrei übertragen. Vielmehr erfolge die Vermögenszuordnung gerade durch die Anerkennung als staatlichen, die kirchliche Fusionsurkunde bestätigenden Hoheitsakt.[109] Auch eine Grunderwerbssteuerbefreiung gem. § 4 Nr. 1 GreStG scheide aus, da sich dieser Tatbestand nur auf Grundstücke und nicht auf Anteile grundbesitzender Gesellschaften beziehe. Eine analoge Anwendung oder

107 S. ebd., Rn. 29.
108 S. ebd., Rn. 29–32.
109 S. ebd., Rn. 40.

Auslegung zugunsten der Pfarrei infolge des Selbstbestimmungsrechts der Kirchen scheide ebenfalls aus.[110]

Insofern fasst die Entscheidung die staatskirchenrechtlichen Implikationen des Körperschaft-des-Öffentlichen-Rechts-Status konsequent zusammen: Im Innenverhältnis besteht vollständige Organisationsfreiheit für kirchliche Strukturen und damit auch für Pfarreien, sobald jedoch die Anerkennung nach staatlichem Recht vorgenommen wird, treten auch die damit verbundenen Rechtsfolgen ein. Insofern bestätigt das Urteil die bereits dargestellten allgemeinen Grundsätze des religionsverfassungsrechtlichen Rahmens, in dem sich die Pfarrei bewegt.[111]

3. Die Pfarrei als zivilrechtliche Institution

Wenn die Pfarrei bzw. eine selbstständige einer Pfarrei zugeordnete Vermögensmasse im Rechtsverkehr auftritt, kann dies neben den Fragen der Vertretung und der Wirksamkeitsvoraussetzungen, welche je nach Diözese und Bundesland unterschiedlich sein können, insbesondere Haftungsfragen für die Pfarrei bzw. die deren Vermögen konstituierenden Körperschaften oder Stiftungen nach sich ziehen.

Denkbar sind hier nicht nur Fälle, in denen eine Vertragspflicht aus einem zivilrechtlichen Kaufvertrag nicht erfüllt wird, etwa die Nichtbezahlung einer Rechnung für Büromaterial des Pfarrsekretariats (I.). Auch arbeitsrechtliche Fragestellungen können sich stellen, denkbar ist hier eine Konstellation, in der die Verwaltungsleitung fahrlässig die Marienstatue

110 S. ebd., Rn. 40–48.

111 Dennoch vermag die Argumentation des Gerichts zum Selbstbestimmungsrecht nicht völlig überzeugen: Sie verkennt, dass die Anerkennung als KdöR durch die staatlichen Stellen den Kirchen religionsverfassungsrechtlich zwar nicht oktroyiert wird, wenn sich Religionsgemeinschaften jedoch für sie entscheiden, auch mit einem Anerkennungsanspruch von Strukturreformen einhergeht. Die Trennung zwischen innerkirchlicher Umstrukturierung und Anerkennung ist zwar sicher richtig und im Religionsverfassungsrecht so angelegt. Nachdem allerdings kein Ermessen der staatlichen Stellen hinsichtlich der Anerkennung von Neustrukturierungen besteht (vgl. oben), wird die staatliche Rechtswirkung einer Pfarreifusionierung faktisch immer den innerkirchlichen Bereich verlassen. Im Ergebnis ist die Abgrenzung auch nicht zwingend notwendig, denn der staatskirchenrechtliche Grundtenor der Bindung kirchlicher Organisationsformen an materielles Recht bleibt ja auch dann bestehen, wenn man damit argumentiert, dass ein Besteuerungsvorgang den vom Selbstbestimmungsrecht umfassten Umstrukturierungsvorgang der Pfarreien selbst nicht betrifft.

in der Pfarrkirche aus dem 15. Jahrhundert beschädigt und dadurch einen Sachschaden in vierstelliger Höhe verursacht (II.). Letztlich sind auch Konstellationen, in denen eine direkt bei einem einer Pfarrei zugeordneten Vermögensobjekt beschäftigte Person deliktisch handelt, möglich. Ein Extrembeispiel wäre hier ein Delikt gegen die sexuelle Selbstbestimmung eines Kindes durch eine Person, die in einem Kindergarten, der durch eine Pfarreistiftung in kirchlicher Trägerschaft steht, beschäftigt ist (III.).[112]

Die Anwendbarkeit des zivilrechtlichen Haftungsregimes ist in der ersten Konstellation unproblematisch zu beurteilen: Die Pfarrei[113] tritt hier privatrechtlich als Schuldnerin eines zivilrechtlichen Vertrags auf. Dabei entstehen für sie primäre und sekundäre Leistungspflichten nach dem BGB. Sie ist also verpflichtet, für die Büromaterialien den Kaufpreis zu zahlen. Erfüllt sie ihre Pflichten nicht, macht sie sich gegenüber dem Vertragspartner schadenersatzpflichtig.[114] Dieser kann den erlittenen Schaden dann auf dem ordentlichen Rechtsweg vor den Zivilgerichten einklagen. Insofern gibt es hier im Verhältnis zum Vertragspartner eines wirksam geschlossenen Vertrags keinen Unterschied zu einem zivilrechtlichen Verein oder einer Behörde als Körperschaft des Öffentlichen Rechts, diese treffen die gleichen Rechtsfolgen.

Rechtlich ungeklärter ist die zivilrechtliche Haftung einer Pfarrei in der dargestellten Fallkonstellation III. Neben den deliktischen Ansprüchen, die die betroffene Person gem. §§ 823 Abs. 1 und 2 BGB gegen den Täter direkt hat, oder solchen Ansprüchen, die sich aus dem Vertragsverhältnis zwischen Pfarreikindergarten ergeben, kommt insbesondere auch eine Haftung der Pfarrei als Körperschaft des Öffentlichen Rechts infolge des Amtshaftungsanspruchs gem. § 839 Abs. 1 BGB i. V. m. Art. 34 GG in Betracht. Hier haftet – ganz allgemein gesprochen – eine öffentlich-rechtliche Organisation für deliktisches Handeln einer für sie tätigen Person. Die Tatsache, dass ein solcher Anspruch diskutiert werden kann, unterscheidet die kirchlichen Körperschaften des Öffentlichen Rechts von Vereinen, die nicht nach öffentlichem Recht haften können.

112 Außer Acht bleiben an dieser Stelle Ansprüche eines Deliktsopfers gegen den Täter selbst. Diese sind, sofern sie nicht vom Amtshaftungsanspruch gesperrt werden (s. unten in diesem Abschnitt), unabhängig davon, ob der Täter bei einer kirchlichen KdöR oder einem Verein angestellt ist oder privat handelt und umfassend nach staatlichem Deliktsrecht zu beurteilen.

113 Das ist unabhängig davon, ob es sich um eine Kirchengemeinde als KdöR oder einen Vermögensstock als Stiftung des öffentlichen Rechts handelt.

114 Regelmäßig dürfte dann § 280 Abs. 1 BGB einschlägig sein.

Hier ist mit der ständigen Rechtsprechung deutscher Zivilgerichte sowie der herrschenden Literaturansicht zunächst festzustellen, dass eine grundsätzliche Anwendbarkeit des Amtshaftungsanspruchs für kirchliche Angestellte und Träger von Amtsgewalt bei der Ausübung von nicht-fiskalischer Gewalt besteht, sofern diese bei einer Körperschaft des Öffentlichen Rechts angestellt sind.[115] Der Grund dafür ergibt sich nach dieser Auffassung eben genau aus der Organisation der jeweiligen Religionsgemeinschaften als Körperschaft des Öffentlichen Rechts. Für die einzelnen kirchlichen Organisationseinheiten geht mit diesem Status eine besondere Pflicht zur Rechtstreue und Wahrung der verfassungsmäßigen Ordnung einher, die sie in ihrer verfassungsgemäßen Rolle besonders zur Wahrung von geschützten Rechtsgütern anderer Individuen bindet (vgl. das bereits dargestellte Verhältnis zur Grundrechtsberechtigung und Grundrechtsbindung). Diese Bindung wird nach h.M. durch die Anwendung des Amtshaftungsrechts auf korporierte Religionsgemeinschaften bekräftigt und damit auch zugunsten der Öffentlichkeit ausgekleidet.[116]

Eine andere Ansicht lehnt die Anwendung des Amtshaftungsrechts auf kirchliche Körperschaften des Öffentlichen Rechts ganz oder zumindest in gewissen Fällen ab: Dies wird besonders damit begründet, dass zumindest die umfassende Anwendung des Staatshaftungsrechts inkonsequent sei: Auf der einen Seite stehe die Beschränkung des öffentlich-rechtlichen Charakters des Handelns kirchlicher Körperschaften des Öffentlichen Rechts auf den Kernbereich der Religionsausübung, auf der anderen Seite solle aber dann für jegliches nicht-fiskalische Handeln der Körperschaften (nicht jedes nicht-fiskalische Handeln ist auch gleichzeitig dem öffentlich-rechtlichen Bereich der Religionsausübung zuzuordnen), das Amtshaftungsrecht anwendbar sein.[117] Darüber hinaus ergebe sich durch die umfassende Anwendung des Amtshaftungsrechts auf kirchliche Bedienstete eine Ungleichbehandlung der kirchlichen Körperschaften des Öffentlichen Rechts im Vergleich zu juristischen Personen des Privatrechts, die so zumindest in den Fällen, in denen kirchliche Körperschaften des Öffentlichen Rechts im grundrechtlich geschützten Bereich agierten, unverhältnismäßig sei.[118]

115 S. BGH, NJW 1957, 542; BGH, NJW 2003, 1308; LG Köln, NJW 2023, 2498; *Eicholt*, Sexueller Missbrauch, 1859–1865; *Gerecke/Roßmüller*, Schadensersatzhaftung, 1911–1916.

116 Vgl. BGH, NJW 2001, 3537; *Gerecke/Roßmüller*, Schadenersatzhaftung, 1911.

117 Vgl. dazu *Magen*, Kirchen als Körperschaften, Rn. 52.

118 Vgl. *Morlok,* Recht zum öffentlichen Wirken, Rn. 117.

Im Ergebnis ist es daher angezeigt, die erhöhten Sorgfaltspflichten, die mit dem Körperschaftsstatus einhergehen, nicht umfassend mit dem Amtshaftungsanspruch zu verbinden. Lediglich dann, wenn die deliktische Handlung mit einer kirchlichen Handlung, die der öffentlich-rechtlichen Dimension der Religionsausübung unterfällt, verbunden ist, ist es konsistent und konsequent, auf ein solches Delikt auch den Amtshaftungsanspruch anzuwenden.[119]

Nimmt man mit dieser Meinung die Anwendbarkeit des Staatshaftungsrechts auf kirchliche Amtsträger zumindest in den Fällen öffentlicher Religionsausübung an, ergeben sich weitere ungeklärte Einzelfragen, die sich nicht nur bei Verfehlungen durch direkt bei Diözesen angestellten Klerikern, sondern auch bei Beschäftigten, die einen Arbeitsvertrag mit bspw. einer Kirchengemeinde als Körperschaft des Öffentlichen Rechts besitzen, stellen.

Insofern war die angesprochene Entscheidung des LG Köln[120] ein für die Amtshaftung im kirchlichen Kontext recht ‚prädestinierter' Standardfall: Die haftungsbegründende Handlung wurde von dem Priester im Rahmen seiner seelsorgerlichen Aufgaben,[121] also bei der öffentlichen Religionsausübung vorgenommen, gleichzeitig war der Täter beim Erzbistum Köln als Anstellungskörperschaft tätig und diese konnte dadurch die haftende Körperschaft sein.

Im Kontext der Pfarrei stellen sich jedoch andere Fragestellungen: Gerade die Abgrenzung zwischen kirchlichem und fiskalischem Handeln stellt sich hier als Problematik dar, auf die es keine einheitliche Antwort gibt. In der oben geschilderten Konstellation III. ist die Lösung noch einfach zu ermitteln: Der Vertrag zwischen den Eltern des Kindergartenkinds und dem Kindergarten ist zivilrechtlicher Natur, hier tritt die Pfarrei als Betreiberin nicht in Ausübung ihrer religiösen Tätigkeit auf. Daher kann die Pfarrei für das Delikt nicht aus Amtshaftung in Anspruch genommen werden.[122] Unbenommen bleibt es dem Betroffenen jedoch, Ansprüche aus den

119 Wohl zustimmend *Magen*, Kirchen als Körperschaften, Rn. 52.

120 S. LG Köln, NJW 2023, 2498.

121 *Eicholt*, Sexueller Missbrauch, lehnt im seelsorgerlichen Handeln eine öffentlich-rechtliche Tätigkeit und damit auch einen Amtshaftungsanspruch ab, verkennt dabei aber, wie das Gericht (Rn. 60) erläutert, dass gerade darin die öffentliche Dimension kirchlichen Handelns liegt, vgl. zustimmend auch *Jaeger*, Sexueller Missbrauch, 1130.

122 Vgl. zur privatrechtlichen Natur der Verträge kirchlicher Kindergärten auch BVerwG, NVwZ 1987, 677.

allgemeinen zivilrechtlichen Vorschriften aus Delikt gegen den Täter oder Schadenersatzansprüche aus der Verletzung einer Pflicht aus dem Kinderbetreuungsvertrag gegen den Träger geltend zu machen. Damit ergibt sich hier auch keine unbillige Benachteiligung des Betroffenen.

Man könnte sich darüber hinaus weitere verschiedene Abgrenzungskonstellationen ausmalen: Man könnte an das Pfarrsekretariat denken, dessen Beschäftigte bei der Pfarrei als Körperschaft des Öffentlichen Rechts angestellt sind und in diesem Zusammenhang ein Delikt begehen: Ist die Verwaltung der Pfarrei und die Terminkoordination bereits eine Form öffentlicher Tätigkeit? Übt ein bei der Pfarrei angestellter Mesner, der bei der Gottesdienstvorbereitung fahrlässig einen Messbesucher anrempelt und dadurch einen Sturz mit gesundheitlichen Folgen provoziert ein öffentliches Amt, das Amtshaftungsansprüche der Pfarrei als Anstellungskörperschaft nach sich zieht, aus? Sogar bei ehrenamtlich tätigen Laien kann sich diese Frage stellen: Denkbar ist auch eine Konstellation, in der eben kein Kleriker ein Sexualdelikt verübt, sondern eine ehrenamtlich tätige Person in einer Jugendarbeitsgruppe. Folgt man der Ansicht des BGH, der eine Anwendbarkeit des Amtshaftungsrechts bereits auf Verkehrsunfälle bei Dienstfahrten evangelischer Kirchenbeamter bejaht hat,[123] kann man zumindest zu dem Ergebnis kommen, dass jeder, der im Rahmen der Ausübung kirchlicher Tätigkeiten für eine kirchliche Körperschaft handelt – und zwar unabhängig vom konkreten Beschäftigungsstatus – für die Anstellungskörperschaft Amtshaftungsansprüche auszulösen vermag. Das heißt also, dass zumindest dem Grunde nach alle hier angeführten Konstellationen zu einer Amtshaftung der anstellenden oder mit der Aufgabe betrauenden Pfarrei als Körperschaft des Öffentlichen Rechts führen können.

In einem zweiten Schritt ist dann zu diskutieren, welche Handlungen im Rechtskreis einer Pfarrei überhaupt Amtshaftungsansprüche auslösen können, also welche Handlungen den Kernbereich öffentlicher Religionsausübung betreffen. Diese Frage lässt sich nicht vorab abstrakt beantworten, sondern muss immer vom konkreten Einzelfall aus betrachtet werden.[124] Delikte im Kontext reiner Verwaltungstätigkeiten dürften auch vor dem Hintergrund, dass der BGH die Anwendung des Amtshaftungsrechts

123 S. BGH, BeckRS 1961, 30384015.

124 Insofern ist die Ansicht von *Eicholt*, Sexueller Missbrauch, 1865, die die Ausübung eines öffentlichen Amtes nur bei dezidiert hoheitlicher Tätigkeit annimmt, sicher besser dazu geeignet, abstrakt klare Ergebnisse für die Amtshaftungsfrage ermitteln zu können.

bei einer mangelhaften Gerüstsicherung durch einen kirchlichen Ingenieur abgelehnt hat,[125] nicht anspruchsbegründend sein. Anders sieht es bereits bei Vorbereitungstätigkeiten zu einem Gottesdienst oder bei Jugendarbeit im kirchlichen Kontext aus. Hier kann die Pfarrei als Körperschaft des Öffentlichen Rechts durchaus Staatshaftungsansprüchen ausgesetzt sein. Diese schließen dann jedoch deliktische Ansprüche gegen den Täter als Individuum aus.[126]

Auf die deliktsrechtliche Konstellation (II.) lassen sich die gefundenen Ergebnisse also ebenfalls übertragen: Die Verwaltungsleitung kann Amtsträgerin sein, ob ihre Tätigkeit, die zur Beschädigung der Marienstatue führt, als solche einen Amtshaftungsanspruch auslösen kann, bleibt der Einzelfallbeurteilung überlassen. Somit ergibt sich insofern ebenfalls kein wesentlicher Unterschied zu anderen Arbeitgebern, als dass die eigenen Vorschriften des kirchlichen Arbeitsrechts weder für die Rolle als Körperschaft des Öffentlichen Rechts noch für die allgemeinen zivilrechtlichen Haftungsfragen von wesentlicher Relevanz sein dürften.

Darüber hinaus kommt in allen vorgestellten Konstellationen eine Haftung der kirchlichen Körperschaft auch gem. §§ 823 Abs. 1, 31, 89 BGB in Betracht. Diese Anspruchsgrundlage betrifft die Haftung für ein Delikt im privaten Rechtsverkehr durch einen Vorstand, ein Vorstandsmitglied oder einen verfassungsmäßig berufenen Vertreter, für den die Körperschaft des Öffentlichen Rechts, auf den die Anwendung der ursprünglich für Vereine konzipierte Norm erstreckt wird, haftet.[127] In der Rechtswissenschaft wird insbesondere der Begriff des verfassungsmäßig berufenen Vertreters weit verstanden: Letztlich fällt darunter jede Person, die wesentliche Funktionen der Körperschaft eigenverantwortlich erfüllt.[128] Für Pfarreien als Körperschaft des Öffentlichen Rechts kommen daher sowohl gewählte Mitglieder des Verwaltungsorgans der Körperschaft als Vorstände als auch hauptamtlich bei der zu verwaltenden Körperschaft beschäftigte Verwaltungsleitungen in Betracht, für deren Delikte die kirchliche Körperschaft des Öffentlichen Rechts dann haftet. Bei Angestellten wie Sekretären, Mesnern oder auch nebenamtlichen Organisten dürfte dahingegen die deliktische Organhaftung mangels Vorstands- oder Vertreterstellung nicht als taugliche Anspruchsgrundlage in Betracht kommen.

125 S. BGH, NJW-RR 1989, 921.
126 Vgl. *Jaeger*, Sexueller Missbrauch, 1132.
127 Vgl. *Wagner*, § 823 BGB, in: MüKoBGB, Rn. 122.
128 S. ebd., Rn. 119.

Bei Haftungsfragen ist im deutschen Zivilrecht zwischen der Haftung im Innen- und Außenverhältnis zu trennen. Die bisherigen Ausführungen betrafen das Außenverhältnis und damit die Frage, wie eine Pfarrei ihrem Vertragspartner oder aus Amtshaftung einem Deliktsopfer gegenüber haftet. Dies geschieht darüber, dass der Pfarrei-Körperschaft das deliktische Verhalten eines Individuums entweder über die Haftung für vertragliche Erfüllungsgehilfen, die Organhaftung oder die Amtshaftung im öffentlich-rechtlichen Kontext zugerechnet wird.[129]

Daneben ergeben sich auch Konstellationen, die das haftungsrechtliche Innenverhältnis und damit den aus einem Delikt resultierenden Regress der Pfarrei gegen den Täter betreffen. Die rechtlichen Lösungen richten sich in diesem Kontext auch bei kirchlichen Anstellungskörperschaften mangels abweichender Regelungen[130] nach dem allgemeinen Zivil- bzw. Arbeitsrecht. Regelmäßig wird ein Delikt nach außen, sofern es im Zusammenhang mit der Tätigkeit der beschäftigten Person bei der kirchlichen Körperschaft steht, gleichzeitig eine Verletzung einer Vertragspflicht aus dem Arbeitsvertrag darstellen.[131] Diese bildet dann den Anknüpfungspunkt für die Regresshaftung zugunsten bzw. zulasten der kirchlichen Körperschaft des Öffentlichen Rechts.[132] Insofern kommen für den Regress die Vorschriften des innerbetrieblichen Schadensausgleichs in Betracht. Diese sehen im Wesentlichen eine nach Verschulden abgestufte Haftungsfreistellung des Arbeitnehmers im Organisationssystem des Arbeitgebers vor, die diesen insbesondere von der Haftung bei einfachen Formen der Fahrlässigkeit gegenüber dem Arbeitgeber freistellen.[133]

Wenn die Pfarrei als Körperschaft des Öffentlichen Rechts einmal einem Amtshaftungsanspruch gem. § 839 Abs. 1 BGB i. V. m. Art. 34 GG ausgesetzt ist, ist dieser gem. § 40 Abs. 2 VwGO vor den ordentlichen Gerichten, also auf dem Zivilrechtsweg geltend zu machen.

129 Vgl. ebd., Rn. 106.

130 Vgl. zu den Besonderheiten des kirchlichen Arbeitsrechts auch *Joussen*, Die Anwendung des staatlichen Arbeitsrechts, *passim*, der zumindest für den Bereich der Regresshaftung keine Ausnahmen im kirchlichen Kontext vom allgemeinen Zivilrecht identifiziert.

131 Sofern dies nicht der Fall ist, wird die Pfarrei auch nicht für ein Delikt ihres Angestellten haften müssen, da dann keine Zurechnung des Handelns zur Pfarrei möglich ist.

132 Vgl. *Henssler*, § 619a BGB, in: MüKoBGB, Rn. 1, 20.

133 S. ebd., Rn. 21.

IV. Das Verhältnis zwischen kanonischem Vermögensrecht und Staatskirchenrecht

Für die Rolle der Pfarrei im staatlichen Recht können abschließend noch Charakteristika dargestellt werden, die in Deutschland Abweichungen von den kirchenrechtlichen universalkirchlich vorgeschriebenen Regelungen für Pfarreien sind. Dies ist insbesondere im Recht der Verwaltung des Pfarreivermögens von Bedeutung. Für die kanonische Pfarrei mit kirchlichem öffentlichem Status (vgl. oben) ordnet der C. 532 sowie der C. 537 CIC wesentliche Inhalte an (vgl. oben): Kanonischer Standardfall ist der Pfarrer, der seine Pfarrei in allen Rechtsgeschäften nach Maßgabe des Rechts vertritt und für die ordnungsgemäße Verwaltung des Pfarreivermögens verantwortlich ist (C. 532 CIC). Dem Pfarrer steht gem. C. 537 CIC ein Vermögensverwaltungsrat zur Seite, dessen Existenz kanonisch vorgeschrieben ist und der bei der Verwaltung des Pfarreivermögens eine unterstützende Wirkung hat.

In den Bistümern in Deutschland kommt es jedoch mittlerweile ausnahmslos zu Abweichungen von dieser Vorschrift. Aufgrund von regional unterschiedlichen staatskirchenrechtlichen Vorgaben besteht in keinem Bistum in Deutschland mehr die Situation, dass die Pfarrei vom Pfarrer allein vertreten wird und der Vermögensverwaltungsrat[134] lediglich beratende und unterstützende Funktionen wahrnimmt. Vielmehr entscheidet der jeweilige Kirchenverwaltungsrat als beschließendes Kollegialorgan über das entsprechende Gemeindevermögen.[135]

Dieser staatskirchenrechtliche, gesamtdeutsche Sonderstatus der pfarrlichen Vermögensverwaltung ist jedoch kein kirchenrechtswidriger Zustand, sondern geschieht mit expliziter Genehmigung des Hl. Stuhls: Dieser hat in einem Indult von 1984 für die Diözesen in Deutschland eine Ausnahmegenehmigung in Form eines Indults erlassen, die eine Abweichung von C. 532 CIC als Folge staatskirchenrechtlicher Vereinbarungen erlaubt.[136]

134 Dieser hat in unterschiedlichen Bistümern auch unterschiedliche Namen, vgl. *Pree/Heckel*, Das kirchliche Vermögen, 130.

135 Vgl. *Kämper/Schulten*, Die Selbstbestimmung der Kirchen und anderen Religionsgemeinschaften über ihr Vermögen, Rn. 65.

136 Vgl. *Paarhammer*, c. 532, in: MKCIC, Rn. 11.

V. Fazit

Die bisherigen Ausführungen betrafen im Wesentlichen Vorschriften, die für alle Pfarreien in Deutschland gleichermaßen gelten.[137] Hinsichtlich der Frage der Grunderwerbssteuerpflicht bei Immobilientransaktionen im Rahmen von Pfarreifusionen macht es keinen Unterschied, wo die Pfarreien territorial liegen. Auch das Haftungsregime für Pfarreien als Körperschaften des Öffentlichen Rechts wird nicht davon beeinflusst, ob eine Pfarrei im Bistum Münster oder im Erzbistum Freiburg liegt. Für einen Kläger in einem Prozess gegen eine Pfarrei vor einem Zivilgericht wegen der Verletzung vertraglicher Pflichten ist es insofern auch irrelevant, wie staatskirchenrechtlich der Vorsitz in dem Organ, das für den Vermögensträger willensbildend wirkt, ausgestaltet ist. Damit lag der Fokus dieses Kapitels auf Problemstellungen, die sich für eine Pfarrei im Staatskirchenrecht im Außenverhältnis ergeben und die überall in Deutschland die gleichen Rechtsfolgen nach sich ziehen. Rechtlich umstritten und besonders problematisch stellte sich, auch aus der Perspektive der Haftungshöhe und möglicher finanzieller Belastungen für die Pfarreien, das deliktische Haftungsrecht und insbesondere die Frage der Amtshaftung als durch den Status als Körperschaft des Öffentlichen Rechts bedingte Ausnahme von anderen Rechtssubjekten dar.[138] Auch die dargestellten Abweichungen in Deutschland vom kanonistischen Regelfall sind zwar ggf. regional unterschiedlich in der Art der Abweichung, die grundsätzliche Abweichungsmöglichkeit jedoch mit entsprechendem Indult für ganz Deutschland festgestellt.[139] Insofern kann der bisher dargestellte ‚allgemeine Teil' mit den folgenden Kapiteln zur Pfarrei in Bayern und Nordrhein-Westfalen um regionalspezifische Eigenheiten und Unterschiede ergänzt werden.

137 Daher beginnt Kapitel C. mit Abschnitt I zu den Grundlagen aus dem Grundgesetz und fährt dann mit bundesrechtlichen Regelungskomplexen des öffentlichen (Abschnitt II) und bürgerlichen (Abschnitt III) Rechts fort.

138 S. C. III. 3.

139 S. C. IV.

D. Organisation und Vertretung kirchlicher Vermögensträger auf dem Gebiet des Freistaats Bayern

Das vorherige Kapitel hat schwerpunktmäßig Fragestellungen behandelt, die sich unabhängig davon ergeben, wie das staatliche Recht die einzelnen kirchlichen Rechtsträger in ihrer inneren Organisation regelt. Letzteres ist regelmäßig eine Frage des innerkirchlichen und innerdiözesanen, ggf. staatlich regulierten Rechtskreises. Welche Organe handeln für welche Vermögensmassen, wie werden deren Beschlüsse wirksam, wer übernimmt in welchem Kontext welche Aufsichtspflichten? Diese Fragen sind in den einzelnen Bundesländern unterschiedlich geregelt. Die im Folgenden betrachteten Normen und Regelungen behandeln genau diese Materien für die Diözesen auf dem Gebiet des Freistaats Bayern.

I. Vorgaben des bayerischen Konkordats und der bayerischen Verfassung

Nicht nur auf Bundesebene, sondern auch in Bayern wird die Rolle der Pfarrei als Körperschaft des Öffentlichen Rechts zunächst verfassungsrechtlich und konkordatsrechtlich kontextualisiert: In Bayern nimmt jedoch lediglich Art. 10 § 4 S. 1 des Bayerischen Konkordats Bezug auf die einzelnen Pfarreien und deren Ordnung: Hier wird klargestellt, dass die Vermögen insbesondere der kirchlichen Stiftungen unter staatlichem Schutz stehen. Eine Garantie des öffentlich-rechtlichen Körperschaftsstatus für Diözesen oder Pfarreien enthält das Bayerische Konkordat jedoch nicht, dafür wird Ordensgemeinschaften und anderen Kongregationen in Art. 2 S. 3 des Konkordats explizit die Möglichkeit zur Erlangung des Körperschaftsstatus eingeräumt.

Ebenfalls korrespondiert Art. 13 § 1 des Bayerischen Konkordats mit den entsprechenden Regelungen des Reichskonkordats (s. oben C. II.). Insofern müssen auch nach dem bayerischen Konkordat die Pfarrer die Voraussetzungen an Staatsbürgerschaft, Hochschulreife und qualifizierenden theologischen Studienabschluss erfüllen, um in der Pfarrseelsorge wirken zu können.

Die bayerische Verfassung von 1946 enthält staatskirchenrechtliche Vorschriften im dritten Abschnitt des dritten Hauptteils, also in den Art. 142–150 BV. Für die Rolle der Pfarrei sind hier die Vorschriften in Art. 142, 143 und 149 BV von besonderer Bedeutung. Die Vorschriften zum Körperschaftsstatus als solchem in Art. 142 und 143 BV entsprechen inhaltlich im Wesentlichen den Vorschriften aus Art. 140 GG i.V.m Art. 136–139 und 141 WRV auf Bundesebene, hier gibt es nur kleinere Abweichungen, wie z. B. die Tatsache, dass die BV in Art. 143 Abs. 2 S. 2 vorsieht, dass der Körperschaftsstatus erst nach einer Periode von fünf Jahren des Bestehens der Religionsgemeinschaft verliehen werden kann.[140]

Eine Ausnahme vom ‚verfassungsrechtlichen Gleichlauf' zwischen Bundes- und Landesverfassungsrecht in Bayern bezüglich der Regelungsmaterie der Religionsgemeinschaften nimmt jedoch Art. 149 BV ein, der Aussagen zum Beerdigungsrecht trifft und weder im Grundgesetz noch in einer anderen Landesverfassung eine Entsprechung findet.[141] Diese Vorschrift ordnet den politischen Gemeinden als staatlichen Gebietskörperschaften die Pflicht zu, für die Beerdigung dort verstorbener Personen zu sorgen. Infolge der Tatsache, dass Art. 149 BV in Abs. 1 S. 2 eine Mitwirkungsmöglichkeit von Religionsgemeinschaften bei Beerdigungen und dem Unterhalt von Friedhöfen statuiert[142] und in Abs. 2 eine Regelung für Monopolfriedhöfe trifft, hat er insofern auch Auswirkungen auf Pfarreien.[143]

Die in Art. 149 Abs. 2 BV geregelte Verpflichtung für kirchliche Träger von Friedhöfen[144], in Einzelfällen auch Menschen zur Bestattung zuzulassen, die nicht der Religionsgemeinschaft des Trägers des Friedhofs angehören, wenn der Friedhof der einzige in einer Gemeinde ist, stellt inso-

140 S. *de Wall*, Art. 143 BV, Rn. 11: „*Art. 143 entspricht weitgehend Art. 137 Abs. 4 bis 6 WRV, wobei die in Art. 137 Abs. 7 WRV angeordnete Gleichstellung von Weltanschauungsgemeinschaften jeweils in den Text mitaufgenommen wurde.*" Die in der BV verankerte Fünfjahresfrist ist für die katholische Kirche als Religionsgemeinschaft mit geborenem Körperschaftsstatus jedoch nicht relevant.

141 S. *de Wall*, Art. 149 BV, Rn. 1.

142 Zu den staatskirchlichen Regelungen hinsichtlich katholischer kirchlicher Friedhöfe kann auch auf *Kingata*, Heilige Orte, 159 verwiesen werden.

143 S. *de Wall*, Art. 149 BV, Rn. 8, 13, 16. Diese Regelungen werden in Art. 8 des Bayerischen Bestattungsgesetzes konkretisiert, s. dazu auch *Barthel*, Bayerisches Bestattungsgesetz, 58 f.

144 Das dürften regelmäßig Stiftungen auf Pfarreiebene sein, vgl. *Schnell*, Bestattungswesen und Friedhöfe, Rn. 23.

fern eine Einschränkung des in ganz Deutschland garantierten kirchlichen Selbstbestimmungsrechts dar.[145] Diese Einschränkung ist insbesondere auch insofern ein Ausnahmefall, als dass sie sich nicht nur auf Organisationsfragen, sondern auf einen Bereich, der mit dem Bestattungswesen genuin religiöse Betätigung betrifft, bezieht. Somit ist die Zulassungsverpflichtung bei Monopolfriedhöfen am Maßstab des Grundgesetzes, nicht jedoch an der Landesverfassung zu rechtfertigen. Diese Einschränkung wird im Kontext des Verfassungsrechts in Form einer Abwägung mit dem aus dem allgemeinen Persönlichkeitsrecht abgeleiteten Recht auf eine würdevolle Bestattung gerechtfertigt. Gleichzeitig muss Art. 149 Abs. 2 BV im Lichte des Art. 140 GG i. V. m. Art. 137 WRV grundgesetzkonform dahingehend ausgelegt werden, dass es den Pfarreien als Friedhofsträgern von Monopolfriedhöfen zumindest im Einzelfall möglich sein muss, eine Bestattung wegen spezifisch religiös bedingter Unzumutbarkeit auszuschließen.[146]

II. Pfarrei und Steuerverband

1. Die Pfarrei als Kirchengemeinde und gemeindlicher Steuerverband

Die Körperschaft des Öffentlichen Rechts, die dem kanonistischen Rechtssubstrat der Pfarrei und zeitgleich dem staatskirchenrechtlichen Äquivalent der Kirchengemeinde entspricht, ist in Bayern gem. Art. 2 Abs. 2 S. 1 BayKirchStG der gemeindliche Steuerverband.[147] Dieses Bayerische Kirchensteuergesetz stellt die allgemeine Grundlage der landesrechtlichen Gesetzgebung zur Erhebung von Kirchensteuern dar und regelt, anders als in anderen Bundesländern, in denen die kirchlichen Steuererhebungsberechtigten auf Basis eines staatlichen Rahmenrechts durch Steuerordnungen die Besteuerung regeln, die Materie Kirchensteuer umfassend.[148]

In den Diözesen in Bayern ergibt sich für die Pfarreien als gemeindliche Steuerverbände die Kirchgeldberechtigung. Unter dem allgemeinen Kirchgeld wird eine den Ortskirchen zukommende, von den Gläubigen zu entrichtende, meist pauschalierte oder an Tabellen orientierte Umlage verstan-

145 S. *de Wall*, Art. 149 BV, Rn. 16.
146 Vgl. *de Wall*, Art. 149 BV, Rn. 16.
147 S. *Pree/Heckel*, Das kirchliche Vermögen, 46.
148 S. *Heimerl/Pree*, Handbuch des Vermögensrechts, Rn. 2/26.

den, die zusätzlich zur Kirchenumlage als Maßstabssteuer erhoben wird.[149] Abzugrenzen ist das den Kirchengemeinden zukommende allgemeine Kirchgeld vom sog. besonderen Kirchgeld in konfessionsverschiedenen Ehen.[150] Für die Pfarreien korrespondiert mit der Kirchgeldberechtigung die Möglichkeit und die Verpflichtung gem. Art. 20 und 21 BayKirchStG, die Einnahmen aus dem Kirchgeld selbst zu verwalten. Nach Art. 1 Abs. 2 der durch die Bistümer in den sieben Diözesen, die dem bayerischen Landesrecht unterfallen, gleichlautend erlassenen GStVS[151] sind nicht nur die Pfarrkirchengemeinden, sondern auch die Tochtergemeinden, also bspw. Filialkirchengemeinden und Gesamtkirchengemeinden, gemeindliche kirchliche Steuerverbände und damit Kirchengemeinden und Körperschaft des Öffentlichen Rechts im staatlichen Recht.[152]

Insofern entfalten innerkirchliche Änderungen der Pfarreienstruktur in Bayern in der staatlichen Rechtssphäre auf der Ebene des gemeindlichen Steuerverbands als Körperschaft des Öffentlichen Rechts ihre Wirkung. Daher ist an dieser Stelle zu erörtern, wie innerkirchliche Strukturveränderungen in Bayern im staatlichen Recht wirksam werden.[153] Art. 2 Abs. 3 Nr. 1 lit. a BayKirchStG stellt klar, dass das Bayerische Staatsministerium für Unterricht und Kultus auf Antrag den Pfarreien als Kirchengemeinden die Körperschaftsrechte verleiht oder entzieht.

Für den gemeindlichen Steuerverband als Körperschaft des Öffentlichen Rechts regelt Art. 5 S. 2 BayKirchStG die Existenzpflicht einer Satzung so-

149 So auch die Definition bei *Hammer*, Rechtsfragen der Kirchensteuer, 473: *„[...] Sammelbezeichnung für Kirchensteuern, die [...] als Kopfsteuer oder nach Maßgabe des Einkommens gestaffelt – anhand eines besonderen kirchlichen Tarifs selbstständig erhoben werden."*

150 S. dazu *Gehm*, Das Kirchensteuersystem in den fünf neuen Bundesländern, 173–179. Letzteres ist eine besondere Form der Kirchensteuerberechnung.

151 In Bayern wurden alle kirchlichen Ordnungen und Gesetze zur pfarrlichen Vermögensverwaltung gleichlautend erlassen, s. nur die Präambel zur GStVS: *„Die bayerischen Erzbischöfe und Bischöfe der (Erz-)Diözesen München und Freising, Bamberg, Augsburg, Eichstätt, Passau, Regensburg und Würzburg erlassen je gleichlautend für ihren Zuständigkeitsbereich [...] die Satzung für die gemeindlichen kirchlichen Steuerverbände für den Bereich ihrer (Erz-)Diözese ab dem 1. Januar 2018 in der nachstehend bekannt gemachten Fassung."* Die Nachweise in den einzelnen Amtsblättern sind im Quellen- und Literaturverzeichnis angegeben.

152 S. *Heimerl/Pree*, Handbuch des Vermögensrechts, Rn. 2/62.

153 Zur allgemeinen praktischen Handhabung der Verleihung und Umstrukturierung der Körperschaften bei kirchlichen Körperschaften des öffentlichen Rechts vgl. auch *Lorz/Manten*, Perspektive der Verwaltungspraxis, 179–195.

wie Mindestanforderungen an diese. Jede Satzung muss sicherstellen, dass der Steuerverband über einen Vorsitzenden und mindestens zwei weitere Mitglieder verfügt. Darüber hinaus muss die Beschlussfähigkeit von der Ladung der Mitglieder abhängig gemacht werden (Nr. 2), ordnungsgemäß Protokoll über Sitzungen und Beschlüsse geführt werden (Nr. 4) sowie ein entsprechendes Verfahren zur Streitbeilegung vorhanden sein (Nr. 5). Die Kirchengemeinden sind in der Erhebung des Kirchgelds allerdings weder hinsichtlich des „Ob" noch hinsichtlich des „Wie" der Erhebung frei: Die Bestimmung der Kirchgeldpflicht erfolgt auf Basis staatlicher Anordnung gem. Art. 20 Abs. 1 S. 2 KirchStG diözesaneinheitlich, wobei die GStVS in ihrem Art. 7 Abs. 1 Nr. 1 die Kirchenverwaltungen zur Erhebung und Verwaltung des Kirchgelds verpflichtet. Das ist sowohl für die Kirchengemeinden vor Ort als auch die Diözesen von Vorteil: Ersteren sichert das Kirchgeld eine im Rahmen der Mitgliederzahlen nachvollziehbare und verlässliche Mindesteinkommensquelle, Letztere können davon ausgehen, dass die Ortsgemeinden zunächst ihre eigenen Einnahmen verwenden können und müssen, bevor sie auf diözesanes Vermögen zurückgreifen. Daher ist ein von Seiten der Kirchengemeinden einseitig entschiedener Verzicht auf die Erhebung des Kirchgelds nicht möglich.[154] Die genauere Ausgestaltung des allgemeinen Kirchgelds sowie der diözesanen Steuererhebung findet sich in der durch den kirchlichen Gesetzgeber in allen Diözesen Bayerns gleichlautenden DKirchStO.[155] Die Höhe des Kirchgelds beträgt im Allgemeinen höchstens 1,50 €, wenn das Kirchgeld für alle Gläubigen einkommensunabhängig erhoben wird, kann aber gem. Art. 22 Abs. 3 DKirchStO auch einkommensabhängig gestaffelt bis zu 15 € betragen.[156]

Auf der Ebene des gemeindlichen kirchlichen Steuerverbands manifestiert sich die Zuordnungswirkung der Kirchengemeinde als juristischer Person und damit auch das bereits diskutierte Parochialrecht: Gläubige, die einer konkreten Kirchengemeinde zugeordnet sind, sind in dieser Kirchengemeinde kirchgeldpflichtig, müssen an diese direkt also das Kirchgeld abführen, weil die gemeindlichen kirchlichen Steuerverbände die Steuergläubiger gem. Art. 3 Abs. 1 BayKirchStG sind.[157] In der Praxis wird die Nichtzahlung des Kirchgeld jedoch regelmäßig nicht sanktioniert bzw. die

154 Vgl. *Heimerl/Pree*, Handbuch des Vermögensrechts, Rn. 2/64.

155 S. zur diözesanübergreifenden Identität auch Fn. 147.

156 Vgl. *Petersen*, Kirchensteuer kompakt, 56 f.

157 S. *Heimerl/Pree*, Handbuch des Vermögensrechts, Rn. 2/130.

Kirchgeldbescheide nicht vollstreckt.[158] Für die Kirchgeldpflicht kommt es insofern nur auf den Wohnsitz auf dem Gebiet des kirchgelderhebenden Steuerverbands an: Auf dem Gebiet der Pfarrei, in der ein Gläubiger wohnt, ist er kirchgeldpflichtig, unabhängig davon, wo er konkret die Messe besucht. Bei mehreren Wohnsitzen entscheidet der gewöhnliche Aufenthalt über die örtliche Kirchgeldverpflichtung.[159] Noch deutlicher wird das in Situationen, in denen mehrere Bundesländer involviert sind: Ein Gläubiger, der z. B. im Landkreis Sonneberg in Südthüringen wohnt und sich im gemeindlichen Leben in einer Pfarrei im nordbayerischen Landkreis Coburg beteiligt, ist in Ermangelung eines bayerischen Wohnsitzes nicht zur Zahlung von Kirchgeld verpflichtet, die Gemeinde kann es trotz seines Engagements nicht einfordern.

2. Überpfarreiliche Zusammenarbeit und Umstrukturierung

In Zeiten kirchlicher Umstrukturierungsmaßnahmen, größerer Seelsorgeeinheiten und pastoraler Zukunftskonzepte besteht der praktische Bedarf überpfarreilicher Organisationsformen.[160] Hierfür gibt es im Staatskirchenrecht mehrere Möglichkeiten. Zunächst kann, wie bereits dargestellt wurde,[161] der Bischof im Rahmen seiner Leitungsgewalt die Pfarreigrenzen für sein Bistum frei umstrukturieren und neue Pfarreien schaffen bzw. bestehende aufheben. Die veränderte Pfarreistruktur wird dann von staatlicher Seite durch Verleihung der Körperschaftsrechte anerkannt, die vorher bestehenden Körperschaften werden aufgelöst, neu gegründet oder hinsichtlich ihres Gebiets verändert.[162]

---

158 So *Petersen*, Kirchensteuer kompakt, 56, allerdings ohne weiteren Nachweis: „*Soweit im Falle der Nichtzahlung Vollstreckungsmaßnahmen gesetzlich vorgesehen sind, werden sie i. d. R. nicht durchgeführt. I. Ü. werden bei Nichtzahlung keine Titel erwirkt.*“ Die Gemeinden müssten sich, wenn sie wollten, zur Vollstreckung der Kirchgeldforderung der staatlichen Behörden bedienen, dazu *Giloy/König*, Kirchensteuerrecht in der Praxis, 147, 151.

159 S. ebd. sowie bestätigend auch *Voll*, Handbuch des bayerischen Staatskirchenrechts, 258.

160 Dies kann insbesondere in der geringer werdenden Zahl an zur Verfügung stehenden Klerikern begründet liegen, vgl. *Ahlers*, Strukturerneuerung auf der Ebene der Pfarrei, 55.

161 S. unter C. III.1.

162 Vgl. *Hense*, Vermögensrechtliche Aspekte, 112, 118.

Das bayerische Landesrecht stellt über Art. 2 Abs. 2 S. 2 BayKirchStG den kirchlichen Handelnden die Möglichkeit zur Bildung von Gesamtkirchenverbänden als Körperschaften des Öffentlichen Rechts zur Verfügung. Für Fälle, in denen die Organisationseinheiten auf Pfarreiebene beibehalten werden sollen, aber dennoch eine weitere übergeordnete Instanz zur Vereinheitlichung und Schaffung gemeinsamer administrativer Strukturen gebildet werden soll, bietet sich diese Struktur an.[163] Die Existenz der einzelnen Pfarreien wird dadurch jedoch nicht berührt, es wird lediglich eine neue juristische Person als Körperschaft des Öffentlichen Rechts gegründet,[164] die in Bayern dann bspw. die Einnahme und Verwaltung des Kirchgelds anstatt der einzelnen Pfarreien übernimmt und dafür gem. Art. 2 Abs. 2 S. 2 BayKirchStG diese in ihrer Rolle als gemeindlicher kirchlicher Steuerverband ersetzt.[165] Auch ein Transfer von Vermögensmassen findet regelmäßig nicht statt.

Darüber hinaus ist es den Pfarreien auch möglich, im Wege der für alle Vereine und juristischen Personen möglichen Kooperationsformen überpfarreiliche Zusammenarbeit zu etablieren. Darunter fallen bspw. in einigen bayerischen Diözesen sog. Seelsorgeeinheiten, bei denen die Pfarreien organisationsrechtlich selbstständig bleiben und lediglich pastoral kooperieren, jedoch ohne dabei Kompetenzen auf gemeinsame Verwaltungsstrukturen zu verlagern.[166] Solche pastoralen Kooperationseinheiten sind allerdings organisationsrechtlich weniger greifbar, da sie vom kirchenrechtlichen Regelfall der Pfarrei abweichen. Zwar erlaubt es C. 374 § 2 CIC, die diözesane Gliederung auch durch Zwischen- und Unterebenen zwischen Diözese und Pfarrei weiter aufzufächern, jedoch ist damit nicht zwingend

163 Vgl. *Haering*, Organisation, Rn. 68.

164 Vgl. ebd.

165 Dies ergibt sich aus Art. 2 Abs. 2 S. 2 BayKirchStG: *„Die Gesamtkirchengemeinden gelten an Stelle der beteiligten Pfarr-, Mutter- und Tochtergemeinden als Steuerverbände.“* i. V. m. Art. 21 S. 1 BayKirchStG: *„Das Kirchgeld wird von den gemeindlichen Steuerverbänden verwaltet.“*

166 S. *Hense*, Vermögensrechtliche Aspekte, 110. Dies geschieht bspw. in der Diözese Augsburg über den Weg der Pfarreiengemeinschaften (rechtlich selbstständige Kooperationsform unter der Leitung eines gemeinsamen Pfarrers) oder des Pfarrverbands im Bistum Würzburg, bei dem mehr als ein Pfarrer dabei ist. Siehe dazu das Statut für die Pfarreiengemeinschaften als Seelsorgeeinheiten in der Diözese Augsburg vom 17. Mai 2004 sowie die Rahmenordnung für Pfarrverbände im Bistum Würzburg vom 16. Januar 1974, in: Würzburger Diözesanblatt 120 (1974) Nr. 6, 76–79.

eine kirchliche Rechtspersönlichkeit oder eine Bindung an kirchliches Vermögensrecht verbunden.[167] Im staatlichen Recht werden diese Kooperationsstrukturen teilweise unter die Formen des nicht eingetragenen Vereins oder der Gesellschaft Bürgerlichen Rechts subsumiert – wobei hier eine offensichtliche und klare Zuordnung nicht immer möglich ist, auch wenn die Rechtsfolgen bei beiden juristischen Personen vergleichbar sind.[168]

Daher ist es sinnvoll, auf die in Art. 25 KiStiftO ermöglichte Lösung des Abschlusses eines öffentlich-rechtlichen Vertrags zwischen verschiedenen Kirchenstiftungen mit der Kontrolle durch die Stiftungsaufsichtsbehörde zurückzugreifen, wenn Arbeitsgemeinschaften oder Zweckverbände gegründet werden sollen, die den Betrieb von wirtschaftlichen Einrichtungen zum Gegenstand haben oder die in sonstiger Weise dazu geeignet sind, kirchliche Vermögenswerte zu beeinflussen.

III. Die Pfarrei und das Pfarreivermögen als Rechtssubjekte

Auf der Ebene der Pfarrei als organisatorische Gesamteinheit gibt es in den bayerischen Diözesen verschiedene Rechtssubjekte, die als solche unterschiedliche Träger kirchlichen Vermögens sein können und den spezifischen Formen der Verwirklichung des kirchlichen Auftrags dienen.

1. Die verschiedenen juristischen Personen auf der Ebene der Pfarrei

Auf der pfarrlichen Ebene existieren verschiedene juristische Personen und Vermögensmassen. Hier ist zunächst die Pfarrei als Steuerverband anzuführen (s. oben D. II. 1.). Für die Pfarrei als Steuerverband besteht mit der GStVS eine kirchliche Rechtsgrundlage, die die Satzungsanforderungen des Art. 5 Abs. 1 BayKirchStG erfüllt und in den bayerischen Diözesen gleichlautend zur Anwendung kommt (s. D. II. 1.).

Darüber hinaus existiert auf der Ebene der Pfarrei eine Kirchenstiftung. Diese ist weder von ihrer Entität noch von ihrer Rechtsnatur her identisch mit der Pfarrei oder der Kirchengemeinde als Körperschaft des Öffentli-

---

167 Vgl. *Hense*, Vermögensrechtliche Aspekte, 111.

168 S. ebd., 115. Ein nicht eingetragener Verein ist eine juristische Person nach staatlichem Vereinsrecht (§54 BGB), eine Gesellschaft Bürgerlichen Rechts (§§ 705–740 BGB) ist – unter gewissen Voraussetzungen – ein rechtsfähiger formloser Zusammenschluss mehrerer Individuen zu einem gemeinsamen Zweck, und zwar als Personengesellschaft.

chen Rechts, vielmehr stellt sie eine eigene juristische Person in der Form einer kirchlichen Stiftung des öffentlichen Rechts dar,[169] was sowohl der staatliche als auch der kirchliche Gesetzgeber in Art. 1 Abs. 3 S. 1 KiStiftO bzw. Art. 22 BayStiftG anerkennt. Damit ist auch die Kirchenstiftung eine Körperschaft des Öffentlichen Rechts.[170]

Der Begriff der Stiftung ist in § 80 BGB legaldefiniert: Es handelt sich (unabhängig von Stifter, Rechtsnatur oder Entstehungskontext) um eine mitgliederlose juristische Person, die mit Vermögen ausgestattet der dauerhaften Erfüllung eines durch den Stifter vorgesehenen Zwecks dient. Im Stiftungszivilrecht wird wiederum deutlich, dass kirchlichen Rechtsträgern auch bei den als Stiftung verfassten Vermögensmassen eine gewisse Sonderrolle zukommt: Der Bundesgesetzgeber ordnet in § 88 BGB an, dass die Landesgesetze über kirchliche Stiftungen durch das Zivilrecht des Bundes unberührt bleiben, der bayerische Gesetzgeber widmet den fünften Teil des BayStiftG kirchlichen Stiftungen und hebt diese damit aus der Masse anderer Stiftungen heraus.[171] Unter einer kirchlichen Stiftung wird im staatlichen Recht jede Stiftung, die ein Mindestmaß an organisatorischer Verbundenheit zur Kirche aufweist und deren Stiftungszweck kirchlicher Natur ist, verstanden.[172]

169 Die Kirchenstiftung ist Rechtsträgerin innerhalb der Teilkirche gem. C. 115 § 3 und C. 4 CIC, s. auch *Pree*, Grundfragen kirchlichen Vermögensrechts, in: HdbKathKR³, 1503.

170 S. *Achilles*, Kirchliche Stiftungen, Rn. 14, der eine kirchliche Stiftung wie folgt definiert: *„C. 115 § 3, c. 1303 § 1 Nr. 1 CIC/1983 definieren die selbständige Stiftung als eine Gesamtheit von Sachen, bestehend aus Gütern oder Sachen geistlicher oder materieller Art, die zu den in c. 114 § 2 CIC/1983 aufgezählten Zwecken (Werke der Frömmigkeit, des Apostolats oder der Caritas) bestimmt sind und nach Maßgabe des Rechts und der Statuten entweder von einer oder mehreren natürlichen Personen oder von einem Kollegium geleitet werden. Ihre kirchliche Rechtsfähigkeit erlangen die öffentlichen Stiftungen nach c. 116 § 2 CIC/1983 aufgrund einer kirchlichen Rechtsvorschrift oder durch besonderes Dekret der zuständigen kirchlichen Autorität."* Von der Seite des staatlichen Rechts wird eine kirchliche Stiftung folgendermaßen definiert: *„Maßgeblich für die Einordnung als kirchliche Stiftung ist es nach den Landesstiftungsgesetzen zumeist, dass es Zweck der Stiftung ist, kirchlichen Aufgaben zu dienen und dass die Stiftung in organisatorischer Verbindung zur jeweiligen Kirche steht"*, s. *Schulte*, Kirchliches Stiftungsrecht, Rn. 50. In Bayern verweist Art. 21 Abs. 1 S. 2 BayStiftG darauf, dass insbesondere Kirchen- und Pfründestiftungen kirchliche Stiftungen sind.

171 Vgl. ebd., Rn. 1.

172 S. ebd., Rn. 3 f.

Im staatlichen Recht existieren anders als im kirchlichen Recht keine Verpflichtungen hinsichtlich des Bestehens von Kirchenstiftungen. Während der CIC anders als unter dem CIC/1917 nunmehr der Pfarrkirche keine eigene Rechtspersönlichkeit mehr zuspricht[173] und lediglich bestehende Stiftungen erhalten bleiben, macht der staatliche Gesetzgeber hier keine Einschränkungen.[174] Die Kirchenstiftung hat auf der Ebene der Kirchengemeinde ihren unmittelbaren Anknüpfungspunkt in dem zum Gottesdienst bestimmten Kirchengebäude. Das Vermögen der Kirchenstiftung beinhaltet zum einen das Kirchengebäude und das damit verbundene Inventar zur Ausübung des Gottesdienstes, allerdings können auch andere wirtschaftliche Ertragspositionen und insbesondere regelmäßig wiederkehrende Spenden, wie z. B. Spenden in den Opferstock, zum Vermögen der Kirchenstiftung gehören.[175]

Für jede Pfarrei kann es jedoch mehr als eine Kirchenstiftung geben. Zunächst wird jede Pfarrei, die über eine Pfarrkirche verfügt, über eine Pfarrkirchenstiftung verfügen.[176] Bestehen in einer seelsorgerlichen Einheit mehrere Ortsgemeinden, die z. B. zu einer Expositur- oder Filialkirche gehören, kann auch für diese eine Expositur- bzw. Filialkirchenstiftung bestehen. Diese werden ebenfalls nach der KiStiftO verwaltet und sind von der Struktur her wie die Pfarrkirchenstiftung aufgebaut, nur dass sie nicht dem Unterhalt der Pfarrkirche, sondern dem der Filial- oder Expositurkirche dienen.[177]

---

173 S. oben unter B. II.

174 Vgl. *Heimerl/Pree*, Handbuch des Vermögensrechts, Rn. 5/244, s. auch *Pirson*, Das Stiftungsrecht des Codex Iuris Canonici, 555–571 sowie *Pree*, Aufsicht über kirchliche Stiftungen, 421, der in Fn. 1 darstellt, dass ein Gleichlauf hinsichtlich der Identität einer Stiftung nach staatlichem und kirchlichem Recht nicht bestehen muss, sodass es mithin möglich ist, eine kirchliche Stiftung nach staatlichem, aber nicht gleichzeitig nach kirchlichem Recht zu errichten.

175 S. *Heimerl/Pree,* Handbuch des Vermögensrechts, Rn. 5/245.

176 Dies ist der Regelfall, aber nicht notwendig, was sich aus den bisherigen Ergebnissen ergibt: Wurde eine Pfarrei nach dem Inkrafttreten des CIC/1983 als öffentliche juristische Person gegründet, ohne dass eine kirchliche Stiftung von kirchlicher Autorität mit errichtet wurde, und wurde auch für den staatlichen Rechtskreis keine Kirchenstiftung errichtet bzw. anerkannt, dann ist es rein rechtlich auch in Bayern möglich, dass eine Kirchengemeinde Vermögen ohne die Existenz einer Kirchenstiftung verwaltet.

177 Vgl. *Heimerl/Pree,* Handbuch des Vermögensrechts, Rn. 5/373. Dies ergibt sich auch aus Art. 7 Abs. 1 KiStiftO: „*Die Kirchenstiftung trägt vor allem die ihre Kirche betreffenden rechtlichen Beziehungen und dient mit ihrem Vermögen wie*

Eine Sonderrolle nimmt in Bayern die sog. Pfründestiftung ein. Die Pfründestiftung bzw. Pfarrpfründe diente ursprünglich dem Unterhalt des Pfarrstelleninhabers, also regelmäßig der Finanzierung des Pfarrers.[178] Aus Art. 35–37 KiStiftO ergibt sich, dass die Pfründestiftung im Wesentlichen vergleichbar mit der Kirchenstiftung verwaltet wird, wobei der Pfründeverwaltungsrat aus dem Inhaber der Pfründe (regelmäßig dem Stelleninhaber) und zwei Kirchenverwaltungsmitgliedern besteht.[179] Die Pfründestiftung wird heutzutage jedoch im Regelfall nicht mehr durch den Pfründeinhaber, also den Pfarrer selbst, verwaltet und vertreten.[180] Dieser delegiert regelmäßig seine Verwaltungsbefugnis an die diözesane Pfründeverwaltung, die die verschiedenen bestehenden Pfründe gemeinsam verwaltet, daneben existiert für die bayerischen Diözesen nunmehr eine gemeinsame katholische Pfründepachtstelle in Regensburg, die bei der Verwaltung des Pfründevermögens den Pfründeverwaltern unterstützend zur Seite steht.[181] In den bayerischen Diözesen werden die Priester mittlerweile auch durch

---

dessen Ertrag den ortskirchlichen Bedürfnissen." Die Beziehung zu Filialkirchenstiftungen ergibt sich dann aus Art. 5 KiStiftO, der diese mit eigenen Namen und Orten ausstattet. S. zur Filialkirche auch unter B. III.

178 Vgl. *Kämper/Schulten*, Selbstbestimmung, Rn. 46 sowie zur historischen Entwicklung auch *Janz*, Von der Pfründe zum Pfarrgehalt, 682–711.

179 S. *Heimerl/Pree*, Handbuch des Vermögensrechts, Rn. 5/340, wobei sich die Abweichung zur Verwaltung der Kirchenstiftung dadurch ergibt, dass der Pfründeverwaltungsrat lediglich über Beispruchsrechte bei der Vermögensverwaltung, die allein dem Pfründeinhaber zusteht, verfügt. S. dazu *Kaiser*, Zur Neuordnung des Pfründewesens in Bayern, 629, der den Pfründeverwaltungsrat wie folgt charakterisiert: „*Der Pfründeverwaltungsrat ist somit ein reines Beispruchsorgan, dessen Beispruchsrecht in Form des ‚votum consultivum' besteht.*"

180 Bereits durch den c. 1272 CIC werden die Bischofskonferenzen dazu beauftragt, das Benefizialrecht aus dem alten Codex (vgl. c. 1409 i. V. m. c. 99 CIC/1917) abzuschaffen. Die bayerischen Bistümer sind diesem Auftrag mit dem Gesetz zur Neuordnung des Pfründewesens vom 1. Oktober 1986 nachgekommen, indem sie Amt und Pfründe voneinander rechtlich trennen, dazu *Schmitz*, Die Bestimmungen des C. 1272 CIC zum Benefizialrecht, 443 f., 455 f. Zur Errichtung einer einheitlichen diözesanen Pfründestiftung infolge von C. 1272 CIC vgl. *Puza*, Die Vollmacht des Diözesanbischofs, 113–128.

181 S. *Heimerl/Pree*, Handbuch des Vermögensrechts, Rn. 5/342; *Kaiser*, Zur Neuordnung des Pfründewesens in Bayern, 617 f. Die Pfründepachtstelle wurde bereits 1937 gegründet, vgl. Abl. Regensburg vom 22.1.1937: „*Wir geben bekannt, dass wir zugleich im Namen der übrigen rechtsrheinischen bayerischen Erzbischöflichen und Bischöflichen Ordinariate ab 1. Januar 1937 eine kirchliche Stelle errichtet haben mit der Aufgabe, die Verpachtung der Widmungsgrundstücke*

eine einheitliche Besoldungsordnung vergütet, sodass der unmittelbare Vorteil der Pfründeinhaberschaft regelmäßig nur noch in dem Besitz an der Pfründewohnung liegt, da Erträge, die zum Unterhalt des Priesters aus dem Pfründevermögen gewonnen werden, direkt an die Diözese abzuführen sind.[182] Schließlich kann es noch weitere besondere Stiftungen und Zuwendungen geben, die in Art. 38–40 KiStiftO geregelt werden und deren Ordnung sich im Wesentlichen nach Stiftungszweck und Stiftungssatzung bestimmt.[183]

All diese verschiedenen juristischen Personen haben im Wesentlichen gemeinsam, dass ihre Vermögenswerte der kirchlichen öffentlichen juristischen Person der Pfarrei zugeordnet werden können.[184] Insofern sind sie alle bei dem rechtlichen Institut Pfarrei angesiedelt und sorgen gemeinsam für die rechtliche Verwirklichung und Ermöglichung des pfarrlichen Lebens.

Infolge der Tatsache, dass für jede seelsorgerliche Einheit bzw. Pfarrei mehrere Vermögensmassen bestehen, von denen jede für sich Einnahmen und Ausgaben generieren kann, ist insbesondere bei Spenden darauf zu achten, welchem Vermögensträger eine Spende zukommen soll. Außerdem sind Ausgaben aus dem jeweils korrekten Vermögen zu finanzieren.[185]

Die Pfarreien sind bei der Verwaltung des Stiftungsvermögens nicht völlig frei – sie werden laufend durch eine Stiftungsaufsicht überwacht und beraten.[186] Die Existenz einer Stiftungsaufsichtsbehörde ist keine aus-

---

durchzuführen, den Pachtschilling einzuheben und in allen einschlägigen Angelegenheiten Gutachten zu erstellen.“

182 S. *Heimerl/Pree*, Handbuch des Vermögensrechts, Rn. 5/364 f.; *Strigl*, Aktuelle Fragen der kirchlichen Vermögensverwaltung im pfarrlichen Bereich, 43 Fn. 108: *„Ab 1969 sind einheitlich in allen Diözesen Bayerns die Gehälter der Seelsorger an die staatliche Beamtenbesoldung (Pfarrer Gruppe A 13) angeglichen worden. Siehe Münchner Ordinariats-Korrespondenz (ok) Nr. 11 v. 13.3.1969 S. 3 f.“*

183 S. *Meyer*, Katholische Stiftungslandschaft, 72 mit Beispielen zu Stiftungen, die die pfarrliche Arbeit unterstützen, ohne selbst Kirchenstiftung zu sein.

184 Insofern sind sie trotz ihrer rechtlichen Unabhängigkeit der jeweiligen Ortskirche zuzuordnen, was gerade auch dadurch deutlich wird, dass Art. 5 KiStiftO für die Namen kirchlicher Stiftungen immer die Sitzpfarrei als Namensbestandteil voraussetzt.

185 Vgl. *Heimerl/Pree*, Handbuch des Vermögensrechts, Rn. 5/246.

186 S. zur Stiftungsaufsicht auch *Pree*, Aufsicht über kirchliche Stiftungen, 427 und *Achilles*, Aufsicht über kirchliche Stiftungen, 197 zur Frage nach dem Verhältnis zwischen kirchlicher und staatlicher Stiftungsaufsicht und der Problematik, die vor dem Hintergrund des Selbstbestimmungsrechts entsteht.

schließlich kirchlichen Stiftungen vorbehaltene Tatsache, sondern sie ergibt sich gem. Art. 10 BayStiftG für alle Stiftungen, die öffentlichen Zwecken dienen. Die Befugnisse der Stiftungsaufsicht umfassen gem. Art. 11 BayStiftG die Überwachung der Stiftung hinsichtlich des Erhalts des Grundstockvermögens, die Prüfung der Amtsführung sowie ein Beanstandungs- und Weisungsrecht bei rechtswidrigen Beschlüssen.[187] Diese Befugnisse gelten jedoch gem. Art. 23 Abs. 1 S. 2 BayStiftG für kirchliche Stiftungen explizit nicht – diese stehen unter der ausschließlichen Aufsicht kirchlicher Organe. Diese Sonderzuweisung der Stiftungsaufsicht weg von staatlicher zur kirchlicher Stiftungsaufsicht ergibt sich mittelbar auch aus dem kirchlichen Selbstbestimmungsrecht und impliziert letztlich, dass der Staat sich bei der Verwaltung des in kirchlichen Stiftungsmassen gebundenen Vermögens aus verfassungsrechtlichen Gesichtspunkten zurückhält.[188] Die kirchliche Stiftungsaufsicht wird in Bayern gem. Art. 42 Abs. 1 und 2 KiStiftO durch die Ordinariate, die dem Diözesanbischof unterstellt sind, wahrgenommen. Die Befugnisse, die in Art. 42–45 KiStiftO den kirchlichen Stiftungsaufsichtsbehörden zugewiesen sind, sind inhaltlich im Wesentlichen mit denen der staatlichen Stiftungsaufsicht identisch, jedoch ist der Rechtsweg gegen Entscheidungen der kirchlichen Stiftungsaufsichtsbehörde auf ein Beschwerdeverfahren bis zum Diözesanbischof beschränkt.[189]

Die bayerischen kirchlichen Vermögensträger genießen – das haben sie insofern ebenfalls gemeinsam – nicht *per se* Schutz vor staatlichen Enteignungen.[190] Sofern ein entsprechendes Interesse der Allgemeinheit daran besteht, also ein öffentlicher Zweck vorliegt, kann auch zulasten kirchlicher Körperschaften des Öffentlichen Rechts dem Grunde nach enteignet werden. Allerdings ist hierbei immer eine Abwägung vorzunehmen – die kirchlichen Güter sind selbst dem Grunde nach von öffentlichem Interesse. Ob eine Enteignung im Einzelfall zulässig ist, bestimmt sich dann nach der

187 Vgl. *Hense*, Anhang zu § 82 BGB, Rn. 26–29.

188 Vgl. *Risch*, Kirchliche Stiftungen in den Landesstiftungsgesetzen, 224–226.

189 S. *Heimerl/Pree* Handbuch des Vermögensrechts, Rn. 5/1068, 5/1070. Dies ordnet Art. 21 Abs. 4 GStVS bzw. Art. 47 Abs. 4 KiStiftO an, der die Unanfechtbarkeit der Entscheidung des Diözesanbischofs auf einen Einspruch gegen eine Entscheidung der Stiftungsaufsicht hin feststellt. Zeitgleich bleibt das jedem Gläubigen in C. 1417 § 1 CIC zugesprochene Recht, sich an den apostolischen Stuhl zu wenden, unberührt.

190 Das bedeutet, dass sie keinen sich aus der Rechtsordnung selbst ergebenden apriorischen umfassenden Enteignungsschutz genießen, s. *Heimerl/Pree*, Handbuch des Vermögensrechts, Rn. 1/97.

entsprechenden Güterabwägung, wobei Kirchgut hier keinen apriorischen Vorrang genießt.[191]

Für die kirchlichen juristischen Personen ist jedoch nicht nur staatliches Recht maßgeblich – sie werden gleichzeitig auch nach katholischem Vermögensverwaltungsrecht reguliert, berechtigt und verpflichtet. Hier kommt die die Einordnung des gesamten Regelungskomplexes als *res mixta* wiederum zum Tragen – dem Grunde nach wird die Materie der Vermögensverwaltung auf Pfarreiebene sowohl durch staatliches Recht als auch durch kirchliches Recht geregelt. Vor diesem Hintergrund beschränkt sich der Codex jedoch darauf, neben einer Legaldefinition des Stiftungsbegriffs[192] die genaue Ausgestaltung der Rechtsbeziehungen dem staatlichen Recht zu überlassen, um den landesspezifischen Eigenheiten Rechnung zu tragen.[193] Die kirchlichen partikularrechtlichen Gesetzgeber nehmen ihre Regelungskompetenz auf dem Gebiet jedoch nicht aufgrund staatlicher Ermächtigung wahr, sondern weil sie sich aufgrund des Selbstbestimmungsrechts originär dafür entscheiden können.[194]

2. Das Verhältnis zwischen staatlichem und innerkirchlichem Recht bei der Ordnung pfarrlicher Vermögenssubjekte

Die wesentlichen Regelungen für die Verwaltung kirchlicher Vermögensmassen befinden sich in der durch alle sieben bayerischen Diözesen gleichlautend erlassenen KiStiftO. Diese KiStiftO nimmt zwischen staatlicher und kirchlicher Gesetzgebung eine gewisse Sonderrolle ein: Einerseits betrifft sie innerkirchliches Organisationsrecht und wird wie die GStVS als Diözesangesetz von den einzelnen Bischöfen in den bayerischen Diözesen

191 S. ebd., die die Abwägung bei der Betroffenheit kirchlicher Rechtsträger auf folgende Art und Weise zusammenfassen: „*Für die angesprochene Enteignung kommt es im Einzelfall darauf an, mit welcher Intensität das betr Kirchgut den im Interesse der Allgemeinheit geschützten Zwecken dient; ob es sich etwa um res sacrae oder um bloßes Wirtschaftsvermögen eines kirchl Rechtsträgers handelt.*“

192 C. 115 § 3 nennt die Stiftung als *fundatio autonoma*, die der *universitas rerum* gleichgesetzt wird, und über diesen Weg definiert wird, s. auch *Pirson*, Das Stiftungsrecht des Codex Iuris Canonici, 558.

193 S. *Achilles*, Kirchliche Stiftungen, Rn. 16. Der CIC trifft hier in C. 1290 die wesentliche und verbindliche Anordnung der Beachtungspflicht staatlichen Vertragsrechts – und zwar „*mit denselben Wirkungen hinsichtlich der der Leitungsgewalt der Kirche unterworfenen Angelegenheiten.*“

194 S. ebd.

erlassen, anderseits nehmen Vorschriften des bayerischen Landesrechts in Teilen Bezug darauf oder determinieren gewisse Ausgestaltungsformen der organschaftlichen Verfasstheit kirchlichen Vermögens. Das bereits angesprochene BayKirchStG ordnet in diesem Zusammenhang an, dass jeder gemeindliche Steuerverband, also jede Pfarrei als Körperschaft des Öffentlichen Rechts, eine Satzung haben muss. Weil der gemeindliche Steuerverband genauso wie einzelne kirchliche Stiftungen durch dieselbe Kirchenverwaltung verwaltet wird,[195] ist auch die KiStiftO an die Vorgaben des Art. 5 BayKirchStG gebunden und spiegelt dessen Vorgaben entsprechend: In Art. 10 KiStiftO wird die Zusammensetzung angeordnet, Art. 17 Abs. 1 KiStiftO regelt die Beschlussfähigkeit nach Ladung, Art. 21 KiStiftO die Niederschrift nach Sitzungen und Art. 47 KiStiftO das Beschwerdeverfahren. Für Kirchenstiftungen, gemeindliche kirchliche Steuerverbände und Pfründestiftungen ist es darüber hinaus nicht notwendig, eine eigene Satzung für jeden einzelnen Vermögensträger aufzustellen – die KiStiftO übernimmt diese Rolle.[196]

Der Sonderstatus der KiStiftO im Zusammenspiel mit dem BayKirchStG war insofern auch bereits Gegenstand staatlicher Gerichtsentscheidungen: In Bayern hatte bspw. das VG Regensburg die Frage nach der Rechtsnatur von Rechtsverhältnissen nach der KiStiftO im staatlichen Recht zu beurteilen.[197] In dem entschiedenen Fall ging es um die Klage eines ehemaligen Kirchenpflegers einer Pfarrei im Bistum Regensburg gegen seine Abberufung von diesem Amt vor dem örtlich zuständigen Verwaltungsgericht. Ein Kirchenpfleger übernimmt gem. Art. 14 KiStiftO unterstützende Aufgaben bei der Verwaltung der kirchlichen Vermögensmassen.[198] Der Generalvikar setzte den Kläger aufgrund von Differenzen zwischen ihm und dem Pfarrer mit sofortiger Wirkung gem. C. 1389 CIC i. V. m. Art. 2 Nr. 1 KiStiftO von seinem Amt mit kirchlichem Enthebungsdekret ab, wohingegen sich der Kläger sowohl mit Beschwerde zum Diözesanbischof gem. C. 1734 CIC wandte, als auch vor dem staatlichen Gericht einstweiligen Rechtsschutz gegen die diözesane Entscheidung begehrte. Konkret beantragte er, den Pfarrer dazu zu verpflichten, ihn zu den Kirchenverwaltungssitzungen zu

195 Vgl. *Heimerl/Pree*, Handbuch des Vermögensrechts, Rn. 5/219.
196 S. ebd., Rn. 5/250.
197 VG Regensburg, BeckRS 2012, 51690.
198 Die Rolle des Kirchenpflegers wird unter IV. noch ausgeführt.

laden und ihm im Wesentlichen weiter die Möglichkeit der ungehinderten Amtsausführung des Kirchenpflegeramts zu ermöglichen.[199]

Vor diesem Hintergrund ist insbesondere die staatskirchenrechtliche Argumentationsweise des Klägers für die Kontextualisierung der Pfarrei relevant: Der Kläger berief sich zum einen darauf, dass es sich bei der Abberufung von seinem Amt als Kirchenpfleger nicht um eine innerkirchliche Angelegenheit handle. Er begründete dies damit, dass die Kirchenverwaltung in Art. 5 Abs. 1 KirchStG vorgeschrieben sei und damit nicht ausschließlich dem innerkirchlichen Recht zuzuordnen sei. Dadurch, dass die Kirchenverwaltung auch die Verwaltung des gemeindlichen Steuerverbands als Aufgabe habe, handle sie hier in einem Bereich, in dem der Staat den Kirchen entsprechende öffentlich-rechtliche hoheitliche Befugnisse anvertraut habe. Im Rahmen der Verwendung der entsprechenden kirchlichen Gelder sei die Kirchenverwaltung nicht nur innerhalb der Organisationsform Kirche tätig, sondern die Tätigkeit weise erheblichen Außenbezug auf. Die Enthebung von seinem Amt als Kirchenpfleger berühre damit das staatliche Recht auf Grundlage einer staatlichen Rechtsgrundlage, sodass die staatlichen Gerichte zur Entscheidung berufen seien.[200]

Darüber hinaus stützte der Kläger sein Begehren auf Rechtsschutzerwägungen. Er stellte sich auf den Standpunkt, dass das innerkirchliche Recht keine Möglichkeit vorsehe, sich im einstweiligen Rechtsschutz in einem kirchlichen Instanzenzug gegen die Enthebung aus dem Amt des Kirchenpflegers zu wehren. Durch die Enthebung sei einerseits das aus dem Rechtsstaatprinzip abgeleitete und damit auch kirchliche Akteure bindende staatliche Willkürverbot verletzt. Andererseits müsse der staatliche Justizgewährungsanspruch gem. Art. 19 Abs. 4 GG es ermöglichen, im innerorganschaftlichen Bereich einer Kirchengemeinde in ihrer Sonderform als Körperschaft des Öffentlichen Rechts vor den staatlichen Gerichten Rechtsschutz zu erlangen.[201]

Das VG folgte der Argumentation des Klägers jedoch nicht und wies die Klage folgerichtig bereits als unzulässig ab. Die staatskirchenrechtlichen Erwägungen des Klägers wies es zurück. Im Kontext der Pfarrei stellte das Gericht zunächst dar, dass der richtige Beklagte nicht der Pfarrer selbst, sondern die Pfarrkirchenstiftung sei. Diese sei Rechtsträger der Organe der Kirchenverwaltung und des Kirchenverwaltungsvorstands und damit

199 S. VG Regensburg BeckRS 2012, 51690, 2.
200 Vgl. ebd., 3 f.
201 S. ebd., 4 f.

gem. dem in § 78 Abs. 1 VwGO niedergelegten allgemeinen Rechtsträgerprinzip, das besagt, dass der Rechtsträger eines Organs im verwaltungsrechtlichen Verfahren der richtige Beklagte ist, der Klagegegner. Insofern gelte dieser auch für sonstige Streitigkeiten bezüglich der Organverfassung öffentlicher juristischer Personen anzuwendende Grundsatz gleichsam für kirchliche Körperschaften.[202]

Das Gericht stellte fest, dass die Bestellung des Amtes als Kirchenpfleger eine rein innerkirchliche Angelegenheit sei, über die die staatliche Justiz keine Entscheidungsgewalt besitze. Die Abberufung des Kirchenpflegers sei insofern kein Akt öffentlicher Gewalt, da sie keine Tätigkeit grundrechtsverpflichteter Staatsorgane im Rahmen ihrer Staatsfunktionen darstelle. Daher sei der Vorgang ein vom kirchlichen Selbstbestimmungsrecht geschützter, rein innerkirchlicher Vorgang, hinsichtlich dessen staatliche Hoheitsträger keine Möglichkeit der Einflussnahme besitzen. Die Abberufung vom Amt des Kirchenpflegers als solche sei keine Maßnahme, die den kirchlichen Bereich verlasse und der öffentlichen Religionsausübung zuzuordnen sei.[203]

Auch die Tatsache, dass die Kirchenverwaltung mittelbar auch im BayKirchStG vorausgesetzt ist und Teile des Handelns der Kirchenverwaltung als Vertretungsorgan der Kirchenstiftung Außenwirkung entfalten, führt nach Ansicht des Gerichts nicht zu einer anderen Beurteilung der Rechtslage. Darum gehe es im zu entscheidenden Fall allerdings nicht, sondern lediglich um die Abberufungsentscheidung als solche, die ihre Rechtsgrundlage in Art. 14 Abs. 8 KiStiftO findet und einen Kirchenverwaltungsbeschluss voraussetzt, über den keine staatliche Aufsicht bestehe.[204]
Diese Entscheidung stimmte inhaltlich mit Urteilen anderer deutscher Gerichte zu innerkirchlichen Organstreitigkeiten, auch in Hinblick auf die Verfasstheit von Körperschaft des Öffentlichen Rechts, überein: Das VG Neustadt a. d. Weinstraße erklärte die staatliche Jurisdiktionsgewalt für Beschlüsse von kirchlichen Gemeindeversammlungen auf Basis der Satzungen dieser Körperschaften für nicht gegeben.[205] Das VG Minden erklärte

202 Vgl. ebd., 7.

203 S. ebd., 8 f.

204 S. ebd., 9 f. Das Gericht merkt weiterhin an, dass die verfassungsrechtliche Rechtsschutzgarantie aus Art. 19 Abs. 4 GG nicht einschlägig sei, da eben kein Akt staatlicher Gewalt vorliege. Das Gericht bestätigt insofern den bereits unter C. III. 1. dargestellten Grundsatz, dass kirchliches Handeln zwar öffentliches, jedoch nur in Ausnahmefällen gleichzeitig auch staatliches Handeln darstellt.

205 VG Neustadt a. d. Weinstraße, BeckRS 2011, 49692.

eine Klage auf Feststellung der Wählbarkeit zu einem Gemeindeverwaltungsorgan einer als Körperschaft des Öffentlichen Rechts verfassten jüdischen Kultusgemeinde für unzulässig, weil es sich aus Sicht des Gerichts in dieser Konstellation um eine rein innerkirchliche Angelegenheit handelte, deren Beurteilung der staatlichen Gerichtsbarkeit entzogen war.[206]

Im Ergebnis impliziert das für die Rolle der Pfarrei im Staatskirchenrecht, dass im Regelfall auch für Streitigkeiten zwischen kirchlichen Organen, die – wenn auch nur mittelbar – zumindest mit staatlichem Recht verwoben sind, keine staatliche Entscheidungsgewalt besteht. Streitigkeiten zwischen kirchlichen Organen auf der Ebene der Pfarrei sind damit – unter Wahrung der Grenzen des Willkürverbots und rechtsstaatlicher Minimalgrundsätze – der staatlichen Gerichtsbarkeit entzogen.[207]

IV. Organ der Verwaltung des Pfarreivermögens in Bayern

1. Die Kirchenverwaltung – Grundlagen

Die Verwaltung der verschiedenen Vermögensmassen und Körperschaften erfolgt in Bayern also einheitlich durch die Kirchenverwaltung. Sie ist sowohl für die Verwaltung der Pfarrei als gemeindlichem Steuerverband als auch für die Pfarrkirchenstiftung und andere mit der Pfarrei verbundene Stiftungen zumindest mittelbar zuständig. Die Kirchenverwaltung ist gem. Art. 9 Abs. 1 KiStiftO das Organ der Kirchenstiftung, wobei die Rechtsgrundlage für die Bildung der Kirchenverwaltung nicht die KiStiftO selbst, sondern die GStVS zu Art. 5 Abs. 1 BayKirchStG ist.[208] Im Verhältnis zum kirchlichen Vermögensrecht entspricht die Kirchenverwaltung zugleich dem pfarrlichen Vermögensverwaltungsrat gem. C. 537 CIC.[209]

Die Kirchenverwaltung selbst besteht aus dem Kirchenverwaltungsvorstand und den übrigen Mitgliedern der Kirchenverwaltung. Sie wird vom Kirchenverwaltungsvorstand geleitet. Der Kirchenverwaltungsvorstand ist gem. Art. 10 Abs. 1 Nr. 1 KiStiftO der Pfarrer oder Leiter einer selbstständigen Seelsorgeeinheit, sofern eine Filialkirche besteht, der ein eigener Pfarrer zugeordnet ist, kann dieser bezüglich der dort bestehenden Filialkirchenstiftung ebenfalls Vorsitzender sein. Darüber hinaus besteht die

206 VG Minden, BeckRS 2013, 57578.

207 Vgl. dazu auch *Rüfner*, Staatlicher Rechtsschutz gegen Kirchen, Rn. 28, 30.

208 Vgl. *Kämper/Schulten*, Selbstbestimmung, Rn. 70.

209 S. ebd., Rn. 64.

Kirchenverwaltung als Organ, das für die Willensbildung und Verwaltung der verschiedenen Vermögensmassen (mit Ausnahme der Pfründestiftungen) zuständig ist, aus den übrigen Mitgliedern der Kirchenverwaltung.

Zusätzlich besteht in Bayern die Möglichkeit der Einsetzung des bereits angesprochenen Kirchenpflegers gem. Art. 14 KiStiftO. Dieser Kirchenpfleger übernimmt im Wesentlichen Tätigkeiten, die mit einem Geschäftsführer oder Buchhalter vergleichbar sind, er soll, muss jedoch nicht zwingend, aus den gewählten Mitgliedern der Kirchenverwaltung stammen. In letzterem Fall wird er mit der Ernennung automatisch Mitglied der Kirchenverwaltung. Er ist also ein ausführender und unterstützender Teil der Verwaltung des pfarrlichen Vermögens, jedoch ohne besondere Befugnisse bei der Willensbildung.[210]

Art. 24 KiStiftO verdeutlicht die unterschiedlichen Aufgabenbereiche von Pfarrgemeinderat und Kirchenverwaltung: Beide haben ihren eigenen Aufgabenbereich, sind jedoch zu guter und kooperativer Zusammenarbeit verpflichtet. Jeweils ein Mitglied der beiden Gremien nimmt an den Sitzungen des jeweils anderen Organs teil. Vor wichtigen Entscheidungen, die die Pfarrei als solche betreffen und durch die Stiftungsaufsichtsbehörde genehmigungspflichtig sind, muss die Kirchenverwaltung den Pfarrgemeinderat anhören und die Stellungnahme der Aufsichtsbehörde übermitteln. Hier macht die KiStiftO implizit deutlich, dass Vermögensverwaltung und Pastoral nicht unabhängig voneinander existieren können, sondern zumindest implizit auch immer an die (auch kirchenrechtlich definierten) pastoralen Bedürfnisse der Pfarrei als Seelsorgeeinheit anknüpfen müssen.[211]

2. Die Wahl in die Kirchenverwaltung

Die Kirchenverwaltung ist ein von den wahlberechtigten Gläubigen zu wählendes Gremium, dessen Mitgliederzahl sich im Wesentlichen nach der Anzahl der Gemeindemitglieder gem. Art. 10 Abs. 1 KiStiftO bestimmt. Maßgeblich ist die Zahl der Gläubigen mit Hauptwohnsitz zum ersten Januar des Jahres, in dem die Neuwahl der Kirchenverwaltung stattfindet. Die KiStiftO stellt hier klar, dass die Kirchenverwaltung abhängig von der Gemeindegröße zwischen vier und acht gewählte Mitglieder hat, wobei der Pfarrer zusätzlich als Kirchenverwaltungsvorstand dazu kommt und bis zu zwei weitere Mitglieder aus dem Kreis der Wahlberechtigten be-

210 Vgl. ebd., Rn. 70.
211 S. *Heimerl/Pree*, Handbuch des Vermögensrechts, Rn. 5/276.

rufen werden können. Aktives und passives Wahlrecht sind lediglich in Art. 8 GStVS, nicht jedoch in der KiStiftO geregelt, sodass hier der Fakt, dass dasselbe Gremium, die Kirchenverwaltung, verschiedene Körperschaften verwaltet, zum Tragen kommt.

Um die Kirchenverwaltung zu wählen bzw. in sie gewählt werden zu können, muss man in den Diözesen in Bayern mindestens 18 Jahre alt sein, seinen Hauptwohnsitz auf dem Gebiet der Kirchengemeinde haben, der katholischen Kirche angehören sowie (dies gilt nur für die passive Wählbarkeit) kirchensteuerpflichtig sein. Das Mindestalter von 18 Jahren ergibt sich notwendigerweise daraus, dass Mitglieder der Kirchenverwaltung Beschlüsse fassen müssen, wofür sie eigene unbeschränkte Geschäftsfähigkeit benötigen, die bei Minderjährigen gem. § 105 f. BGB nicht vorliegt. Art. 9 GStVS regelt den Ausschluss von der Wählbarkeit, dessen Regelungsinhalt wiederum paradigmatisch für das Verhältnis zwischen Staat und Kirche in Deutschland steht: Zum einen ist die Wählbarkeit wegen Verstößen gegen staatliches Recht (Verlust der Fähigkeit zur Bekleidung öffentlicher Ämter, Verurteilung zu einer Straftat mit Mindestfreiheitsstrafe von einem Jahr) ausgeschlossen – die Kirchenverwaltung verwaltet eine Körperschaft des Öffentlichen Rechts. Zum anderen kann der kirchliche Gesetzgeber für die Verwaltung des kirchlichen Vermögens anordnen, dass Täter kirchlicher Strafen, die mit der Exkommunikation (C. 1331 CIC)[212], Suspension (C. 1333 CIC) oder Sühnestrafe (C. 1336 CIC) belegt sind, oder diejenigen, die sich nicht im Einklang mit der Lehre der katholischen Kirche bekennen, von der Vermögensverwaltung ausgeschlossen sind – das ist Ausfluss des Selbstbestimmungsrechts. Die übrigen Fälle des Ausschlusses von Wahlrecht und Wählbarkeit betreffen schließlich hauptamtlich Beschäftigte, ehemals abberufene Kirchenverwaltungsmitglieder sowie Menschen mit fehlender Geschäftsfähigkeit. Die genaue Durchführung der Wahl regelt dann eine aufgrund von Art. 13 GStVS erlassene Wahlordnung.

3. Kooperation und Strukturveränderung

Problematiken ergeben sich für den Fall, dass mehrere Kirchengemeinden bzw. Pfarreien auf organisatorischer Ebene zusammengeführt bzw. in en-

212 Die GStVS spricht hier von „cc. 331", was ein Redaktionsfehler sein muss, da es sich nur um C. 1331 handeln kann, der von der Exkommunikation handelt, während C. 331 von der unmittelbaren Amtsgewalt des Bischofs spricht, was in diesem Zusammenhang keinen Sinn ergibt.

gerer Kooperation miteinander verbunden werden: Dies hat neben den bereits dargestellten[213] territorialen und körperschaftsrechtlichen Konsequenzen auch organisationsrechtliche Folgen. Kommt es z. B. zu einer Fusion von zwei Pfarreien, so wird dadurch auch der kirchliche Steuerverband und die mit diesem verbundene Kirchenverwaltung als Organ in ihrer Körperschaftsqualität berührt. Sofern eine Kirchengemeinde lediglich in eine andere eingegliedert wird, hört erstere Kirchenverwaltung auf zu existieren und die Verwaltungspflichten, auch bezüglich der Stiftungen anderer Pfarreien, gehen auf die aufnehmende Pfarrei über. Wird eine Kirchengemeinde neu gegründet und es kommt nicht zu einem Fusionsakt, dann ist gem. Art. 18 Abs. 3 KiStiftO eine Neuwahl der Kirchenverwaltung vorzunehmen.

Abgesehen davon bedarf es für die Veränderung von Stiftungsmassen und Stiftungsvermögen unabhängiger, ggf. zustimmungspflichtiger Rechtsakte durch die Stiftungsverwaltungsgremien und die Stiftungsaufsichtsbehörden. Allein eine Neustrukturierung des Pfarreigebiets beeinflusst nicht die Vermögensmassen in den Stiftungen. Die Kirchenstiftung, die zur Pfarrkirche einer Pfarrei korrespondiert, existiert weiterhin, wenn die Pfarrei auch mit einer anderen Pfarrei fusioniert wird oder in einer solchen aufgeht. Sie wird dann danach schlicht, wie angeführt, von einer anderen Kirchenverwaltung verwaltet. Bei Pfründestiftungen stellt sich die Problematik der Umstrukturierungsfolgen durch die gemeinsame Verwaltung ebenfalls nicht.

4. Kanonische und staatliche fiskalische Bindungen

Der Status als Körperschaft des Öffentlichen Rechts und gemeindlicher Steuerverband impliziert für katholische pfarrliche Vermögensträger Bindungen an wirtschaftliche und fiskalische Grundsätze. Hier kommt es zu inhaltlichen Überschneidungen zwischen kanonischem und weltlichem Recht, weil gewisse Pflichten im Umgang mit kirchlichem Vermögen sowohl im kanonischen als auch im weltlichen Recht geregelt werden. Dazu zählt z. B. die Pflicht, Kassenbücher ordnungsgemäß zu führen.[214]

Die vergleichbaren Bindungen werden insbesondere auf Ebene des Stiftungsrechts deutlich, weil sowohl das kirchliche Vermögensrecht als auch das Zusammenspiel aus bundeseinheitlichen Regelungen zu Stif-

---

213 S. D. II.

214 Dies ist in C. 1283 § 2 ° 7 CIC und Art. 29 Abs. 5 KiStiftO angeordnet, vgl. dazu auch *Althaus*, Kirchliche Vermögensverwaltung, 3.

tungen und landesrechtlichen konkreten Ausgestaltungen den Umgang mit Stiftungsvermögen detailliert regeln: Exemplarisch für einen weiteren Gleichlauf zwischen staatlichem und kirchlichem Recht kann hier die Abgrenzung von ordentlicher und außerordentlicher Verwaltung sowie die Grenzen der Veräußerung von Stiftungsstammvermögen (die Alienation) angeführt werden: Art. 10 Abs. 2–4 KiStiftO spiegeln für die bayerischen Diözesen die Pflichten zur ordnungsgemäßen Vermögensverwaltung, die sich auch im CIC in den CC. 1284 und 1290–1298 mit universalkirchlich verpflichtender Wirkung finden lassen.

Das Kirchenrecht unterscheidet an dieser Stelle zwischen Stammvermögen und Vermögen, das sich als Ertrag aus der wirtschaftlichen Nutzung des Stammvermögens ergibt.[215] Hier besteht ein Gleichlauf zum staatlichen Stiftungsrecht, das ebenfalls zwischen dem Grundstockvermögen und dessen Erträgen unterscheidet. Die Veräußerung dieses Stammvermögens wird auch als Alienation verstanden, und deren Wirksamkeit ist gem. C. 1291 CIC von der Zustimmung der jeweiligen Autorität für das Rechtsgeschäft abhängig.[216] Dabei besteht die Pflicht zum Erhalt des Stammvermögens, also des *patrimonium stabile*, für Kirchenvermögen öffentlicher juristischer Personen, also damit auch für Pfarreien und Kirchenstiftungen, denen nach Rechtslage vor dem CIC/1983 Rechtspersönlichkeit zukommt, weil sie gem. C. 116 CIC als öffentliche juristische Personen anerkannt und errichtet sind.[217] Infolge der Tatsache, dass gerade den Kirchenstiftungen in Bayern eine zentrale Rolle bei der Organisation kirchlichen Vermögens zukommt,[218] muss auf die ordnungsgemäße Verwaltung und Trennung zwischen Stamm- und Verbrauchsvermögen besondere Rücksicht genommen werden. Der Gleichlauf zwischen Kirchenrecht und staatlichem Recht ergibt sich dann auch aus dem Inhalt von § 83c BGB, der allgemein für Stiftungen unabhängig von deren Rechtsnatur klarstellt, dass das Grundstockvermögen, das der Stiftung kraft Stiftungszweck und Widmung zukommt, ungeschmälert zu erhalten ist. Infolge der Tatsache, dass der Stiftungszweck einer kirchlichen Stiftung ein kirchlicher ist, kommt darin auch die Wertung des C. 1291 CIC zum Ausdruck – die Veräußerung des Stammvermögens ist genehmigungsbedürftig.[219]

215 S. *Aymans/Mörsdorf/Müller*, KanR IV, 72.

216 Vgl. ebd., 74.

217 Vgl. *Pree*, c. 116, in: MKCIC, Rn. 8 f.

218 S. *Aymans/Mörsdorf/Müller*, KanR IV, 76.

219 S. *Althaus*, c. 1291, in: MKCIC Rn. 2 f.

Die weiteren Pflichten wie die Aufstellung eines Haushaltsplans, die Einhaltung desselben, die Buch- und Rechnungsführung und die Inventarisierung von Vermögenspositionen sind letztlich Folgen und Ausprägungen der Pflicht zur ordnungsgemäßen Vermögensverwaltung für kirchliche Rechtsträger, die am Rechtsverkehr teilnehmen.[220] Zumindest für den Bereich, in dem die Kirchengemeinden als Steuerverbände teilweise hoheitlich handeln können, kann der Staat sie in ihrer Rolle als Hoheitsträger auch dazu verpflichten. In den kircheneigenen Bereichen folgen die Pflichten entweder aus bindendem kanonischem Recht oder aus der Tatsache, dass die Kirchenverwaltung zur Verwaltung hoheitlich als auch kirchlich erworbenen Vermögens berufen ist.

V. Die Vertretung der Pfarrei im Rechtsverkehr und damit verbundene Probleme

1. Grundlagen der Vertretung der kirchlichen Vermögensträger

Grundlagen vertraglicher Beziehungen und damit von Teilnahmemöglichkeiten am Rechtsverkehr sind in Deutschland Willenserklärungen, also Entäußerungen, die einer Willensbildung mit dem Zweck der Herbeiführung einer konkreten Rechtsfolge entsprechen.[221] Juristische Personen sind selbst nicht dazu fähig, Willenserklärungen abzugeben, sie müssen daher organschaftlich verwaltet und verfassungsmäßig vertreten sein.[222] Damit eine juristische Person im Rechtsverkehr nach außen auftreten kann, sind also regelmäßig zwei verschiedene, voneinander zu trennende Dinge erforderlich: Zum einen muss das Organ der juristischen Person nach innen zur Willensbildung fähig sein, zum anderen muss es eine natürliche Person geben, die diese Willensbildung einem anderen am Rechtsverkehr Beteiligten artikuliert.[223] Vor diesem Hintergrund ist im Folgenden darauf einzugehen, wie die Organe der kirchlichen juristischen Personen in Bayern ihren Willen bilden, ihn artikulieren und vollziehen und an welcher Stelle Probleme auftreten können. Anschließend kann dann diskutiert werden, wie diese – ggf. abweichend von nichtkirchlichen juristischen Personen – unter Be-

220 S. dazu auch *Heimerl/Pree,* Handbuch des Vermögensrechts, Rn. 5/282 f.
221 Vgl. *Armbrüster*, vor § 116 BGB, in: MüKoBGB, Rn. 3.
222 Vgl. *Groh*, Juristische Person.
223 Vgl. *Schubert*, § 164 BGB, in: MüKoBGB, Rn. 31.

rücksichtigung der dem deutschen und bayerischen Staatskirchenrecht immanenten Grundsätze zu lösen sind.

Die Willensbildung in den juristischen Personen auf Pfarreiebene erfolgt im Wesentlichen durch einen Beschluss der Kirchenverwaltung als Vertretungsorgan, Art. 19 Abs. 1 KiStiftO. Um wirksame Beschlüsse fassen zu können, muss die Kirchenverwaltung beschlussfähig sein, was gem. Art. 17 Abs.1 KiStiftO im Regelfall nach ordnungsgemäßer Ladung und der Anwesenheit der Mehrzahl der stimmberechtigten Mitglieder der Fall ist.[224] Die Ladung obliegt gem. Art. 15 KiStiftO dem Kirchenverwaltungsvorstand. Diesem obliegt auch die Vorbereitung und Leitung der Sitzung, außerdem kommt ihm ein Entscheidungsrecht bei Stimmgleichheit bei Abstimmungen zu, die keine Wahlen sind. Gem. Art. 18 KiStiftO kann eine Person wegen persönlicher Beteiligung ausgeschlossen werden, wobei dies durch Beschluss der Kirchenverwaltung – im Falle persönlicher Vorteile explizit ohne Stimmabgabe des Betroffenen – festgestellt wird. Diese Regelung ähnelt im Wesentlichen der Vorschrift des Art. 49 der Bayerischen Gemeindeordnung.[225]

Die Vertretung nach außen obliegt dann gem. Art. 13 Abs. 2 KiStiftO dem die Beschlüsse der Kirchenverwaltung vollziehenden Kirchenverwaltungsvorstand. Die KiStiftO ordnet in Art. 20 Abs. 1 KiStiftO an, dass kirchliche Erklärungen, die eine Verpflichtung begründen, der Schriftform bedürfen, durch den Kirchenverwaltungsvorstand sowie den Kirchenpfleger unterzeichnet werden müssen sowie eine Beidrückung des Amtssiegels und eine Bezugnahme auf die entsprechenden Beschlüsse der jeweiligen Kirchenverwaltung erforderlich sind. Bei laufenden oder dringlichen Ge-

224 Bei Beschlussunfähigkeit nach erstmaliger Ladung sieht Art. 17 Abs. 2 KiStiftO eine vereinfachte Beschlussfähigkeit für ein Thema nach zweiter Ladung vor.

225 Die Regelung der KiStiftO ist in diesem Zusammenhang jedoch etwas unpräzise formuliert, wenn sie von einem unmittelbaren Vorteil für eine natürliche oder juristische Person, die von dem betroffenen Mitglied kraft Gesetzes oder Vollmacht vertreten wird, spricht. Sprachlich ist es jedoch auch möglich, die von der Kirchenstiftung verschiedene juristische Person unabhängig von der Vertretung durch das Kirchenverwaltungsmitglied zu verstehen. Das ergäbe jedoch wenig Sinn, weil eine persönliche Betroffenheit irgendeinen Zusammenhang zwischen vertretener juristischer Person und Vertreter voraussetzt. Richtigerweise muss man die Vorschrift also so verstehen, dass sie eine Teilnahme für ein Mitglied bei einem Vorteil oder Nachteil ausschließt, wenn dieser entweder eine durch sie vertretene natürliche Person oder eine durch sie vertretene juristische Person, die nicht die Kirchenstiftung ist, betrifft.

schäften reicht jedoch gem. Abs. 2 dieser Vorschrift die Unterschrift unter Amtsbezeichnung durch den Vorstand der Kirchenverwaltung.

Dieser entsprechend formal korrekte Beschluss legitimiert dann das Handeln des Kirchenverwaltungsvorstands nach außen. Dies ist weniger bei Geschäften des täglichen Bedarfs, wie z. B. bei der Anschaffung von Büromaterial für das Pfarrsekretariat, sondern gerade bei beurkundungspflichtigen Geschäften, worunter in Deutschland besonders Immobilientransaktionen fallen, von Relevanz. Will bspw. eine Pfarrkirchenstiftung als Inhaberin des Pfarrhauses dieses verkaufen, da der Pfarrer bzw. verantwortliche Seelsorger nicht mehr vor Ort wohnt und keine wirtschaftlich vernünftige Nutzungsmöglichkeit an dem Gebäude mehr besteht, muss zunächst die Kirchenverwaltung einen Beschluss über den Verkauf an den Geschäftspartner fassen, welcher dann entsprechend formalisiert und besiegelt wird. Nach entsprechender Genehmigung durch die zuständigen Aufsichtsbehörden wird der Kaufvertrag dann notariell beurkundet und auf diesem Rechtsgeschäft aufbauend die Immobilientransaktion im Verfügungsgeschäft durch Auflassung und Eintragung gem. §§ 873, 925 BGB vollzogen.

Durch die Beteiligung desselben Verwaltungsorgans bei der Verwaltung mehrerer Körperschaften und Vermögensmassen und aufgrund des Status der Pfarrei als Körperschaft des Öffentlichen Rechts kann es jedoch in diesem Prozess der Teilnahme der Körperschaft des Öffentlichen Rechts am Rechtsverkehr zu verschiedenen rechtlichen Problemen kommen, auf die im Folgenden einzugehen ist, weil deren Lösung genuin vom staatskirchenrechtlichen Status kirchlicher juristischer Personen abhängt. Vorab ist hier jedoch anzumerken, dass sich die dargestellten Rechtsprobleme und Ausnahmen nicht daraus ergeben, dass kirchliche Körperschaften des Öffentlichen Rechts sich im Rahmen ihrer Organisationsgewalt- und Freiheit ein ‚Sonderprivatrecht'[226] selbst schaffen könnten. Vielmehr bedienen sie sich im staatlichen Rechtsverkehr der zivilrechtlichen Bestimmungen und nutzen den Rahmen, den das deutsche Zivilrecht ihnen für die Teilnahme am Rechtsverkehr bereitstellt. Nur da, wo das Zivilrecht entweder selbst dispositiv ist, den Vertragsparteien im Rahmen der Privatautonomie Regelungsfreiheit außerhalb zwingender Gesetze überlassen wird oder staatliches Recht den kirchlichen Vermögensträgern explizit eine für den staatlichen Rechtsverkehr verbindliche Rechtsgrundlage für eigene Regelungen

226 S. *Pree/Heckel*, Das kirchliche Vermögen, 188.

schafft, besteht für die kirchlichen Körperschaften des Öffentlichen Rechts ein eigener Handlungs- und Entscheidungsspielraum.[227]

2. Insichgeschäft

Zunächst kann es vorkommen, dass Rechtsgeschäfte auf pfarrlicher Ebene getätigt werden müssen, die verschiedene Stiftungen oder Körperschaften betreffen, die mit der Kirchenverwaltung dasselbe Organ verwaltet und deren Vertretungsberechtigte damit auf beiden Seiten des Rechtsgeschäfts identisch sind. Ein Beispiel wäre dafür die Übertragung eines Vermögenswerts von einer Pfarrkirchenstiftung auf einen gemeindlichen Steuerverband, eine andere denkbare Möglichkeit wäre die Übertragung von Vermögen zwischen zwei Pfarrstiftungen, die von derselben Gesamtkirchenverwaltung verwaltet werden. In beiden Fallkonstellationen wäre der verfassungsmäßig berufene regelmäßige Vertreter beider an der Übertragung beteiligten juristischen Personen der Pfarrer als Vorsitzender der Kirchen- bzw. Gesamtkirchenverwaltung gem. Art. 10, 13 KiStiftO.

Dieser Fall stellt ein sog. Insichgeschäft gem. § 181 BGB dar.[228] Solche Geschäfte, bei denen auf beiden Seiten eines Rechtsgeschäfts derselbe gesetzliche Vertreter steht, sind gem. § 181 BGB jedoch unwirksam. Um diese Unwirksamkeit zu umgehen, haben die Diözesen in Bayern in der KiStiftO jedoch in Art. 41 eine Sonderregelung geschaffen:[229] Wird ein Rechtsgeschäft zwischen Kirchen- und Pfründestiftung getätigt, erfolgt die Vertretung der Pfründestiftung durch den Kirchenverwaltungsvorstand und die Kirchenstiftung wird durch den übrigen Kirchenverwaltungsvorstand, der dafür einen Vorsitzenden aus seiner Mitte bestimmt, vertreten. In Art. 41 Abs. 2 KiStiftO ist geregelt, dass die Stiftungsaufsicht für Rechtsgeschäfte, in denen sich sonstige ortskirchliche Stiftungsvermögen, die durch das gleiche Organ vertreten werden, eine Sondervertretung bereitstellt. Ist ein gemeindlicher Steuerverband beteiligt, gilt Art. 41 KiStiftO gem. Art. 19 GStVS entsprechend.

Sofern alle Beteiligten die Vorschriften des Art. 41 KiStiftO einhalten, ist die Problematik des Insichgeschäfts zumindest in den Diözesen der Ki-

227 Vgl. ebd., 148 f., die staatlichen speziellen Rechtsgrundlagen für kirchliche Eigenregelungen ergeben sich weder zwingend aus dem Verfassungsrecht noch aus dem Körperschaftsstatus, sondern sind im Wesentlichen freiwillig gewährt.

228 Vgl. *Schubert,* § 181 BGB, in: MüKoBGB, Rn. 1 f.

229 Vgl. *Heimerl/Pree*, Handbuch des Vermögensrechts, Rn. 4/165.

StiftO nicht relevant. Anders zu beurteilen ist die Konstellation jedoch, wenn das Rechtsgeschäft ohne die vorgeschriebenen ‚Ersatzvertretungen' vorgenommen wird oder bspw. ein Pfarrer etwas von seiner Kirchenstiftung, die durch die Kirchenverwaltung, deren Vorsitzender er selbst ist, erwirbt. Während Art. 41 KiStiftO im ersten Fall unbeachtet bleibt, kommt er im zweiten Fall gar nicht zur Anwendung, da sich hier keine zwei Stiftungen gegenüberstehen.

Die Konstellation ist in Rechtsprechung und Literatur umstritten und nicht völlig geklärt. Einige Urteile können jedoch Indizwirkung geben: Das Bayerische Oberste Landesgericht hat in einer Entscheidung bereits ausgeführt, dass sich für einen Diözesanbischof die Befreiung vom Verbot des Insichgeschäfts unmittelbar aus dem Kirchenrecht ergebe.[230] In seiner Rolle sei er daher unbeschränkt auch im staatlichen Rechtsverkehr zur Vertretung des Diözesanvermögens berechtigt. Infolge der umfassenden Vollmacht des Diözesanbischofs könne dieser nicht mit den Einschränkungen des Insichgeschäfts belegt werden.[231] Das OLG Hamm hat in einer ähnlich gelagerten Entscheidung, in der es um eine Grundstücksveräußerung zwischen zwei Vermögensmassen in einer Pfarrei ging, das Verwaltungsgremium ebenfalls aufgrund seiner umfassenden Amtsgewalt als von § 181 BGB befreit angesehen.[232]

Die Grundannahme der beiden Entscheidungen basiert darauf, dass bei autonomen kirchlichen Vermögensverwaltungsebenen keine weitere unabhängige Instanz besteht, die ein Insichgeschäft genehmigen könnte.[233] Konsequenterweise führt das dazu, dass Art. 41 KiStiftO lediglich vereinfachende, präzisierende Regelungen enthält, weil die Bindung der Kirchenverwaltung an § 181 BGB bereits gar nicht besteht. Man kann dieser Auffassung entgegenhalten, dass aus der Tatsache, dass eine Person zur Genehmigung eines Insichgeschäfts fehlt, noch nicht zwingend die Befreiung vom Verbot des Insichgeschäfts geschlussfolgert werden kann und eine solche Annahme dem Schutzzweck der Norm zuwiderliefe.[234]

Zumindest für Pfarreien lässt sich die die automatische Befreiung von Verboten des Insichgeschäfts jedoch überzeugend begründen: Zum einen ergibt sich aus der aus dem Selbstverwaltungsrecht resultierenden Freiheit,

230 BayOblG, BayOblGZ 1973, 328.
231 Ebd., 329 f.
232 OLG Hamm, RPfleger 74, 310.
233 Vgl. *Bamberger*, Vertretungsrecht, 13 f.
234 Vgl. *Joas*, Anmerkung zu LG Stuttgart, 167–168.

dass Kirchenverwaltungen selbst eine Befreiung von § 181 BGB beschließen können, eine Möglichkeit, dies auch implizit zu tun.[235] Zum anderen ist, anders als dies bei anderen juristischen Personen des Zivilrechts der Fall ist, der Pfarrer im Wesentlichen ‚Vollzugsperson' der Beschlüsse der Kirchenverwaltung und weit weniger unabhängig als ein Geschäftsführer einer GmbH oder ein Bürgermeister einer Gemeinde. Insofern werden Insichgeschäfte mit Vertretung durch den Pfarrer immer durch den Beschluss der Kirchenverwaltung gebilligt. Dazu kommt, dass der Pfarrer, sollte er selbst persönlich durch ein Rechtsgeschäft betroffen sein, gem. Art. 18 KiStiftO von der Beschlussfassung ausgeschlossen ist (s. oben unter D. V. 1.) und zusätzlicher Schutz durch Genehmigungspflichten kirchlicher Aufsichtsbehörden besteht.[236] Im Ergebnis ist ein Insichgeschäft, das durch die Kirchenverwaltung ohne das in Art. 41 vorgeschriebene Verfahren der Ersatzvertretung durchgeführt wird oder bei dem sich nicht zwei pfarrliche Vermögensmassen gegenüber stehen, nicht wegen eines Verstoßes gegen § 181 BGB nichtig.[237] Auch dieses skizzierte Rechtsproblem ist also in seiner Lösung durch die verfassungsrechtliche ‚Sonderrolle' der Pfarrei, auf deren Organisationsstruktur der staatliche Gesetzgeber mittelbar Rücksicht nimmt, geprägt.

3. Fehler in der Willensbildung

Darüber hinaus können sich Rechtsprobleme auftun, wenn ein Rechtsgeschäft durch eine kirchliche Stiftung auf Pfarreiebene vorgenommen wird und im dargestellten Prozess der Willensbildung oder Willensartikulierung Fehler auftreten. Denkbar wären bspw. Fälle, in denen ein Pfarrer ein Vermögensobjekt der Pfarrei ohne Beschluss der Kirchenverwaltung veräußert oder eine Konstellation, in der ein Rechtsgeschäft ohne einen verfassungsmäßig berufenen Vertreter einer Kirchenstiftung vorgenommen wird. Auch eine Situation, in der ein persönlich betroffenes Kirchenverwaltungs-

---

235 Vgl. *Bamberger*, Vertretungsrecht, 13 f.

236 S. ebd., 14.

237 Anders bei *Heimerl/Pree*, Handbuch des Vermögensrechts, Rn. 4/165, die das Verbot des Insichgeschäfts für Rechtsgeschäfte zwischen Vertreter selbst und von ihm vertretener juristischer Person nicht von der impliziten Befreiung umfasst sehen. Eine unterschiedliche Behandlung der verschiedenen Rechtsgeschäfte, wie sie diese Auffassung implizieren würde, ist jedoch nicht notwendig und sachgerecht: Die Gründe, die überhaupt dazu führen, dass der Pfarrer vom Verbot des Insichgeschäfts befreit ist, gelten unabhängig davon, mit wem dieses Rechtsgeschäft zustande kommt.

mitglied an der Beschlussfassung mitwirkt, kann einen solchen Fehler im Prozess der Willensbildung darstellen, weil der Beschluss dann gem. Art. 18 Abs. 3 KiStiftO unwirksam sein kann.

In dieser Konstellation impliziert der Körperschaftsstatus zunächst noch keine Abweichung in der Rechtsfolge im Vergleich zu einer als Verein organisierten juristischen Person: Die Trennung zwischen dem Innen- und dem Außenverhältnis ist hier genauso ausgeprägt wie bei privatrechtlichen Vereinen: Die Vorschriften zur Willensbildung sind im Innenverhältnis für die Beschlussfassung der Kirchenverwaltung maßgeblich, sofern allerdings der Beschluss in einem zweiten Schritt durch die Siegelung und Unterschrift nach außen bestätigt wird, ist dieser letzte Schritt maßgeblich. Defekte in der Beschlussfassung wirken sich nach außen nicht aus, wenn Vertretungs-, Form- und Genehmigungserfordernisse sonst eingehalten werden.[238] Für das Fallbeispiel heißt das: Fasst die Kirchenverwaltung einen rechtswidrigen Beschluss, weil etwa ein persönlich betroffenes Mitglied mitwirkt, und wird der Beschluss dennoch ordnungsgemäß formalisiert und das Rechtsgeschäft genehmigt, kann vom Rechtsgeschäft nicht mit dem Verweis auf einen Fehler in der Beschlussfassung Abstand genommen werden.[239]

Etwas anderes ergibt sich für den Fall, dass sich der Fehler erst bei der einzuhaltenden Form des Rechtsgeschäfts ergibt, wenn also bspw. der Beschluss nicht ordnungsgemäß unterschrieben oder gesiegelt wurde. Die kirchlichen Formvorschriften sind zunächst aufgrund der Tatsache, dass es kirchlichen Körperschaften des Öffentlichen Rechts (genauso wie dem Landesgesetzgeber) nicht möglich ist, eigenes Zivilrecht zu schaffen, nicht solche, die bei ihrer Verletzung zu einer Formnichtigkeit des Rechtsgeschäfts gem. § 125 BGB führen können.[240] Vielmehr sind die Formvorschriften für kirchliche Rechtsgeschäfte dem Vertretungsrecht zuzuordnen, was bedeutet, dass Verstöße zu einem Fehlen der Vertretungsmacht der Vertreter für das Organ und das Rechtsgeschäft führen. Das beispielhaft angeführte Rechtsgeschäft ist also, wenn der Beschluss nicht entsprechend besiegelt wurde, infolge fehlender Vertretungsmacht nach den Vorschriften des Zivilrechts schwebend unwirksam, kann aber durch einen entsprechend formgültigen Beschluss nachträglich genehmigt oder auch abgelehnt werden.[241]

---

238 S. *Zilles/Kämper*, Kirchengemeinden als Körperschaften, 111.

239 Vgl. *Bamberger*, Vertretungsrecht, 11.

240 S. *Preglau*, Wirkung kirchlicher Genehmigungsvorbehalte, 768 f.

241 Ebd., 770.

4. Fehlende Genehmigung bei genehmigungsbedürftigen Rechtsgeschäften

Kirchliche Rechtsgeschäfte von pfarrlichen Vermögensträgern sind in bestimmten Fällen genehmigungspflichtig.[242] Gem. Partikularnorm Nr. 19 der Deutschen Bischofskonferenz zu CC. 1292 § 1, 1295 und 1297 CIC ist eine Genehmigung der diözesanen Aufsichtsbehörde dann erforderlich, wenn der Wert des Gegenstands, auf den sich das Rechtsgeschäft bezieht, entweder einen Wert von 15.000 € überschreitet oder ein Grundstück veräußert werden soll. Darüber hinaus ist eine Genehmigung durch den Hl. Stuhl erforderlich, wenn eine Wertgrenze von fünf Millionen Euro überschritten wurde. Welche Rechtsfolge ergibt sich also, wenn eine Pfarrei ein Rechtsgeschäft vornimmt, ohne dass die entsprechende Genehmigung vorliegt, wenn also bspw. wie in der dargestellten Fallkonstellation ein Grundstück mit einem Wert von 250.000 € ohne Zustimmung der Aufsichtsbehörde, welche gem. Art. 23 Abs. 1 S. 1 BayStiftG i. V. m. Art. 42 Abs. 2 KiStiftO das diözesane Ordinariat ist, veräußert wird?

Die Antwort ist im Wesentlichen vergleichbar zu dem Fall, dass ein unzuständiges Organ handelt oder die entsprechende Vertretungsmacht fehlt: Das Rechtsgeschäft ist nach kirchlichem Recht verboten, die Wirksamkeit tritt gem. Art. 44 Abs. 4 KiStiftO erst dann ein, wenn die Genehmigung durch die Stiftungsaufsichtsbehörde vorliegt. Der Unterschied liegt an dieser Stelle darin, dass den kirchlichen Genehmigungsvorbehalten eine etwas andere dogmatische Natur zukommt, als dies bei den Formpflichten der Fall ist – was insofern eine Besonderheit darstellt, als dass die Genehmigungsvorbehalte der Stiftungsaufsichtsbehörde oder des Hl. Stuhls den inneren Rechtskreis der kirchlichen Rechtsträger berühren. Bei Formvorschriften geht es um die Sicherheit und das Vertrauen des Rechtsverkehrs als solches, während die kirchlichen Genehmigungsvorbehalte in der hierarchischen Ordnung der Kirche verortet bleiben. An dieser Stelle wird der sich aus dem Körperschaftsstatus ergebende Sonderstatus der kirchlichen Rechtsträger deutlich: Der Genehmigungsvorbehalt entfaltet Außenwirkung aufgrund eigener kirchlicher Gesetzgebung – die KiStiftO ist eben kein staatliches, sondern ein kirchliches Gesetz. Die Art und der Umfang dieses Vorbehalts kann der kirchliche Gesetzgeber für seinen kirchlichen

242 Eine umfassende Darstellung der Genehmigungspflichten auf pfarrlicher Ebene auf Grundlage des kirchlichen Rechts findet sich bei *Pree*, Genehmigungspflichten in der pfarrlichen Vermögensverwaltung, 502–523.

Rechtskreis völlig frei regeln.[243] Es ergibt sich keine rechtliche Notwendigkeit dafür, dass überhaupt ein Vorbehalt der Genehmigung durch die Stiftungsaufsichtsbehörde vorgesehen ist. Der staatliche Gesetzgeber hat sich jedoch dafür entschieden, diese kirchliche Regelung für seinen Rechtskreis als verbindlich zu betrachten und den Genehmigungsvorbehalten die entsprechende staatliche Außenwirkung zuzusprechen.

Aufgrund der Sonderrolle kirchlicher Genehmigungsvorbehalte ist die Rechtsnatur der Genehmigung sowie die Konsequenz bei einer fehlenden solchen Genehmigung rechtlich umstritten.[244] Einerseits wurde vertreten, dass eine fehlende Genehmigung zu einer Formnichtigkeit des Rechtsgeschäfts einer kirchlichen Körperschaft des Öffentlichen Rechts oder Stiftung gem. § 125 BGB führt und damit zu einer anderen Rechtsfolge als bei den anderen Formverstößen.[245] Dem lässt sich die bereits bei den Formvorschriften angesprochene fehlende Rechtssetzungskompetenz der kirchlichen Rechtsträger zur Schaffung von Sonderprivatrecht entgegenhalten – wenn bereits explizite Formvorschriften nicht zur Formnichtigkeit führen können, dann können davon dogmatisch verschiedene Genehmigungsvorbehalte dies ebenfalls nicht bewirken.[246]

Daher wird heute herrschend davon ausgegangen, dass die Genehmigungsvorbehalte grundsätzlich als gesetzliche Verbote gem. § 134 BGB zu verstehen sind. Wird ein Rechtsgeschäft ohne die stiftungsaufsichtliche Genehmigung vorgenommen, ist es wegen des Fehlens dieser Genehmigung aufgrund des auch für den staatlichen Rechtskreis verbindlichen kirchlichen Rechtssetzungsakts verboten.[247] In diesem Zusammenhang tritt jedoch die Rechtsfolge des § 134 Hs. 2 BGB ein, wonach das Rechtsgeschäft nur dann nichtig ist, wenn ein Gesetz nichts anderes anordnet.[248] Für Bayern kann hier Art. 44 Abs. 4 KiStiftO herangezogen werden, der anordnet, dass sich die Wirksamkeit des Rechtsgeschäfts erst nach der Genehmigung durch die Aufsichtsbehörde ergibt. Hieraus kann *e contrario*

243 S. ebd., 769.

244 S. ebd.

245 Vgl. *Zilles/Kämper*, Kirchengemeinden als Körperschaften, 114.

246 S. *Preglau*, Wirkung kirchlicher Genehmigungsvorbehalte, 768.

247 *Pree/Heckel*, Das kirchliche Vermögen, 189: „*Die kirchenrechtlich zur Gültigkeit vorgeschriebenen Genehmigungen einer übergeordneten Autorität bilden nach hL und Rechtsprechung ein gesetzliches Verbot iSv § 134 BGB mit der Folge einer Beschränkung der Vertretungsmacht*“, vgl. auch *Zilles/Kämper*, Kirchengemeinden als Körperschaften, 113.

248 Vgl. *Preglau*, Wirkung kirchlicher Genehmigungsvorbehalte, 768.

der Schluss gezogen werden, dass ein Rechtsgeschäft ohne stiftungsaufsichtliche Genehmigung nicht endgültig nichtig ist, sondern bis zu seiner Genehmigung schwebend unwirksam bleibt. Im Ergebnis kann damit auch festgestellt werden, dass die Folgen der fehlenden Genehmigung und der folgenden schwebenden Unwirksamkeit des Rechtsgeschäfts inhaltlich dem Themenkomplex der Vertretungsmacht zuzuordnen sind – handelt ein Vertreter ohne Vertretungsmacht, ergibt sich gem. § 177 BGB für das staatliche Recht dieselbe Rechtsfolge.

Etwas anderes gilt lediglich für die angesprochenen Genehmigungsvorbehalte zugunsten des Hl.Stuhls. Diese wirken sich nicht auf die Wirksamkeit des Rechtsgeschäfts aus. Es handelt sich dabei weder um übernommene noch um ausdrücklich zur staatlichen Vermögensverwaltung erlassene Vorschriften. Darüber hinaus erlaubt es C. 1296 CIC, Rechtsgeschäfte kirchlicher Vermögensträger auch beim Fehlen einer vorgesehenen Genehmigung des Hl. Stuhls als gültig zu betrachten, sodass es sich um eine für den staatlichen Rechtskreis unbeachtliche rein kircheninterne Kontrollvorschrift handelt.[249]

5. Prüfungskompetenz staatlicher Gerichte

Darauf aufbauend stellt sich die Folgefrage, inwieweit staatliche Gerichte berechtigt oder verpflichtet sind, Verstöße gegen die KiStiftO bei einem Rechtsgeschäft zu prüfen. Denkbar ist bspw., dass es in einem Gerichtsstreit vor einem staatlichen Gericht zur Frage kommt, ob eine wirksame stiftungsaufsichtliche Genehmigung vorlag. Es konnte in diesem Zusammenhang bereits festgestellt werden, dass rein innerkirchliche Angelegenheiten grundsätzlich der staatlichen Entscheidungsgewalt entzogen sind.[250] Dies gilt nicht nur für den Fall, dass die Rechtmäßigkeit kirchlichen Handelns wie die Abberufung eines Kirchenpflegers direkt vor einem staatlichen Gericht angefochten wird. Auch, wenn Tatbestandsvoraussetzungen,

249 S. ebd., 770. Eine andere Auffassung wurde durch das OLG Zweibrücken, MDR 1966, 672 vertreten und damit auch ein Genehmigungserfordernis des Hl. Stuhls als maßgeblich angesehen. Dies geschah allerdings in einem anderen Kontext und mit systematisch fragwürdigem Rekurs auf das Wissen des Vertragspartners als Maßstab für die Bedeutung des Genehmigungsvorbehalts, sodass die Auffassung abzulehnen ist.

250 S. oben unter C. III. 2.

deren Vorliegen durch kirchliches Recht determiniert wird, überprüft werden, reduziert sich die Prüfungskompetenz staatlicher Gerichte.[251]

Die Rechtsprechung hat hier jedoch je nach zu entscheidender Frage unterschiedliche Kriterien entwickelt, die sich am Beispiel der kirchenaufsichtlichen Genehmigung verdeutlichen lassen: Zunächst ist festzustellen, dass Streitigkeiten, in denen es auch um kirchenrechtliche Fragen geht, nicht *per se* der staatlichen Zuständigkeit entzogen sind: Ist das Vorliegen einer aufsichtlichen Genehmigung strittig in einem Verfahren, in dem der Kläger aus §§ 873, 925 BGB die Auflassung und Eintragung eines durch eine Kirchenstiftung veräußerten Grundstücks begehrt, richtet sich dieser Anspruch zunächst genuin nach staatlichem Zivilrecht. Daher liegt die Entscheidungskompetenz, ob ein solcher Anspruch besteht, auch bei staatlichen Gerichten.[252] Die Begrenzung der staatlichen Prüfungskompetenz erfolgt erst auf zweiter Stufe. Die Fragen, ob eine aufsichtsrechtliche Genehmigung hätte erteilt werden müssen oder nicht hätte erteilt werden dürfen, ob die handelnde Stelle zuständig war oder ob ein Formmangel besteht, sind der Entscheidungskompetenz eines staatlichen Gerichts entzogen. Ein Zivilgericht darf also alle Fragen, die die Wirksamkeit einer aufsichtlichen Genehmigung betreffen, nicht überprüfen, weil dies einen innerkirchlichen Rechtsakt darstellt, dessen Beurteilungskompetenz ausschließlich kirchlichen Autoritäten zukommt. Insofern entfaltet das Vorliegen oder Nichtvorliegen einer solchen Wirksamkeitsvoraussetzung nach kirchlichem Recht Tatbestandswirkung, bindet also das staatliche Gericht.[253]

VI. Fazit

Die Vermögensverwaltung pfarrlichen Vermögens ist in Bayern von der Existenz verschiedener Körperschaften und verschiedener Stiftungen geprägt. Sie erfolgt in allen Diözesen in Bayern einheitlich, da bayerisches Landesrecht alle Diözesen einheitlich betrifft und die darauf basierenden kirchlichen Gesetze und Ordnungen (KiStiftO, GStVS, DKirchStO) in allen sieben Diözesen in Bayern gleichlautend erlassen wurden. Bayern ist ein Bundesland, das es den Kirchengemeinden bundeslandweit als ge-

251 Vgl. *Pree/Heckel*, Das Kirchliche Vermögen, 194 f.

252 Vgl. BVerfG, NJW 1999, 349.

253 Vgl. *Pree/Heckel*, Das Kirchliche Vermögen, 194 f., sowie BGH, NJW 2000, 1555, wobei der BGH hier die Grenzen der Prüfkompetenz insbesondere in einem Verstoß gegen die guten Sitten anlegt, 1557.

meindlichen Steuerverbänden auf Pfarrebene ermöglicht, Kirchgeld als besondere Kirchensteuer zu erheben und selbst zu verwalten.[254] Daher gibt es staatliche Mindestanforderungen an das den Steuerverband verwaltende Organ. Auf die Vermögensverwaltung in Bayern übt das Stiftungsrecht entsprechende Ausstrahlungswirkung aus. Die staatlichen und kirchlichen Vorschriften bieten bereits jetzt Rahmenbedingungen für eine Kooperation mehrerer Kirchengemeinden. Die Kirchenverwaltung ist sowohl an staatliche als auch an kirchliche Protokoll-, Rechnungslegungs- und Sparsamkeitsverpflichtungen gebunden.[255] Streitigkeiten zwischen verschiedenen Organen der Kirchenverwaltung sind als Organstreitigkeiten innerkirchlicher Art der staatlichen Gerichtsbarkeit im Regelfall entzogen und müssen vor kirchlichen Gerichten ausgetragen werden. Ebenso ist in zivilrechtlichen Streitigkeiten die Prüfungskompetenz staatlicher Gerichte da eingeschränkt, wo innerkirchliches Handeln auf Grundlage kirchlicher Rechtsgrundlagen vorgenommen wird.[256] Kirchliche Insichgeschäfte sind, wenn sie nicht bereits durch die KiStiftO geregelt sind, aufgrund der umfassenden Handlungsfreiheit der Kirchenverwaltung möglich. Darüber hinaus entfalten sowohl innerkirchliche Formverstöße als auch fehlende Genehmigungen durch kirchliche Aufsichtsbehörden Außenwirkung im Rechtsverkehr. Hier ergibt sich eine Sonderrolle kirchlicher juristischer Personen im Vergleich zu anderen nichtkirchlichen juristischen Personen. Die entsprechenden Verstöße führen dazu, dass Rechtsgeschäfte schwebend unwirksam sind.[257] Gerade die Außenwirkung der kirchlichen Form- und Genehmigungserfordernisse sowohl für den Steuerverband als Körperschaft des Öffentlichen Rechts als auch die Stiftungen[258] stellt neben der Einschränkung des Selbstbestimmungsrechts im Bestattungsrecht[259] eine Besonderheit für die Rolle der Pfarrei im deutschen Staatskirchenrecht dar.

254 S. D. II. 1.
255 Genauer unter D. IV. 4.
256 Dazu D. III. 2. und D. V. 5.
257 Vgl. D. V. 3 und D.V. 4.
258 S. ebd.
259 S. D. I.

E. Die Situation in Nordrhein-Westfalen

Von der territorialen Ordnung zu Bayern nicht wesentlich verschieden ist die diözesane Gliederung auf dem Gebiet des Landes Nordrhein-Westfalen. Auch hier gibt es mit fünf Bistümern auf dem Staatsgebiet mehrere Diözesen und den Bedarf nach landesrechtlich einheitlicher Regelung der Rolle der Pfarrei und der Verwaltung der zugehörigen Vermögensposten. Der Schwerpunkt dieses Abschnitts liegt daher darauf, vor dem Hintergrund vergleichbarer räumlicher Strukturen die staatskirchenrechtlichen Pfarreiordnungen zu vergleichen und darüber hinaus die für 2024 geplanten Änderungen zu analysieren.

I. Maßgebliche Vorgaben des Preußenkonkordats und der Verfassung

In den Gebieten Nordrhein-Westfalens ist Art. 3 des Preußenkonkordats noch heute von Relevanz und stellt die kirchenvertragsrechtliche Grundlage für die Freiheit der einzelnen Diözesen bei der Errichtung von Pfarreien als territoriale Einheiten dar. Diese Vorschrift ist inhaltlich identisch mit der des Art. 12 des Reichskonkordats, nur dass der Passus, der besagt, dass die Landesregierungen bei der Schaffung von Mitwirkungsvereinbarungen zwischen Landesregierungen und Kirchen für die Errichtung von Kirchengemeinden unterstützt werden, wegfällt.[260] Auch hier ergibt sich also kein Unterschied zu den gesamtdeutschen Regelungen.

Die Verfassung Nordrhein-Westfalens definiert in ihren Art. 19–22 die religionsverfassungsrechtlichen Grundlagen des Landesrechts und räumt den Kirchen und Religionsgemeinschaften damit einen verhältnismäßig breiten Raum ein.[261] Im Wesentlichen ergeben sich jedoch durch die Lan-

260 Vgl. *Sydow*, Zwei Seiten einer Medaille, 154: *„ohne dass in den übrigen Bundesländern oder für die Errichtung evangelischer Kirchengemeinden grundsätzlich andere Regelungen gelten würden. Für katholische Kirchengemeinden gilt in Nordrhein-Westfalen Art. 3 des Vertrages des Freistaates Preußen mit dem Heiligen Stuhl vom 14. Juni 1929 und Art. 12 des Konkordats zwischen dem Heiligen Stuhl und dem Deutschen Reich vom 20. Juli 1933.“*

261 *Stuttmann,* Art. 19 LVerf NRW, Rn. 1.

desverfassung keine Abweichungen oder Ausnahmen für die Rechtsstellung der Pfarreien in Nordrhein-Westfalen zum Grundgesetz: Art. 19 Abs. 2 LVerf NRW weicht nur von der Formulierung, nicht jedoch vom Inhalt zu Art. 137 Abs. 3 WRV ab. Das kirchliche Selbstbestimmungsrecht wird also auch hier gewährleistet. [262] Im Übrigen stellt Art. 22 LVerf NRW dar, dass die über Art. 140 GG in das Grundgesetz inkorporierten Vorschriften der WRV in Nordrhein-Westfalen als Landesrecht fortgelten, sodass die verfassungsrechtlichen Vorgaben zum Staatskirchenrecht in Nordrhein-Westfalen lediglich einen Auffang- bzw. Reservecharakter besitzen. Die Rolle der Pfarrei wird durch die Landesverfassung also nicht anders als in Bayern und im Rest des Bundesgebiets determiniert.[263]

II. Die bisherige Situation der preußischen Vermögens- und Pfarreiverwaltung

1. Das kirchliche Vermögensverwaltungsrecht auf Grundlage eines staatlichen Gesetzes

Die Verwaltung katholischen Kirchen- und Pfarreivermögens hat ihre rechtliche Grundlage noch im ursprünglichen preußischen KVVG von 1924. Das KVVG gilt auch heute noch, weil es gem. § 4 Nr. 6 des Gesetzes zur Bereinigung des in Nordrhein-Westfalen geltenden preußischen Rechts ohne Überarbeitung als Rechtsvorschrift, die die Beziehungen zwischen Staat und Kirche regelt, weitergilt. Dies stellt in Deutschland eine Ausnahme dar. Zum einen, weil das preußische KVVG kein kirchliches Gesetz ist, sondern den Kirchengemeinden gegenüber vom staatlichen Gesetzgeber erlassen wurde. Zum anderen haben alle anderen Diözesen, deren Gebiet auf ehemals preußischem Staatsgebiet liegt und die damit früher dem KVVG unterworfen waren, dieses mittlerweile durch kirchliches Eigenrecht ersetzt, sodass das KVVG auch nur noch in Nordrhein-Westfalen existiert.[264]

Dem konzeptuellen Ansatz der Regelung kirchlicher Vermögensverwaltung unmittelbar auf Basis eines durch den staatlichen Gesetzgeber den kirchlichen Rechtsträgern oktroyierten Gesetzes ist vor dem Hinblick der durch Art. 140 GG i. V. m. Art. 137 Abs. 3 WRV gewährten Organisations-

262 S. ebd., Rn. 14.

263 Vgl. *Stuttmann*, Art. 22 LVerf NRW, Rn. 1 f.

264 S. *Kämper/Schulten*, Selbstbestimmung, 30, 67.

freiheit kirchlicher Vermögensträger verfassungsrechtlich problematisch. Die Verfassungsmäßigkeit des KVVG als solchem wurde aus verschiedenen Gründen infrage gestellt: Bereits zur Zeit der Weimarer Reichsverfassung wurden Bedenken hinsichtlich der Verfassungsmäßigkeit des KVVG geäußert.[265] Nach Inkrafttreten des Grundgesetzes und infolge der Tatsache, dass das KVVG in Preußen auch nach 1945 weiter gilt,[266] stellte sich die Frage der Verfassungsmäßigkeit des KVVG auch unter dem Grundgesetz wieder.

Im Wesentlichen liegt hier der Problemschwerpunkt auf der Frage, ob das KVVG in das geschützte kirchliche Selbstbestimmungsrecht aus Art. 140 GG i. V. m. Art. 137 Abs. 3 S. 1 WRV ungerechtfertigt eingreift – sowohl was das Gesetz als solches als auch den Regelungsgehalt der einzelnen Normen angeht. Die Tiefe, mit der das KVVG bisher in die kirchliche Organisationseinheit in seinem Geltungsbereich eingreift, zeigt sich auch im Vergleich mit Art. 5 S. 2 BayKirchStG. Auch dieses Gesetz schreibt staatlicherseits für eine kirchliche Körperschaft des Öffentlichen Rechts Anforderungen an die Organisation der juristischen Person vor, allerdings in einem ganz anderen Ausmaß. Es werden lediglich Mindestvertreter, Ladungs-, Protokollführungs- und Streitbeilegungspflichten abstrakt und ohne zu determinieren, wie genau diese Pflichten ausgestaltet werden müssen, festgelegt. Auch war eine entsprechende verfassungsrechtliche Rechtfertigung möglich.[267] Das ist vom Umfang und von der Regelungsmaterie in Nordrhein-Westfalen anders: Das KVVG ist in seinen Vorschriften viel genauer, präziser und auch einschränkender als das staatliche BayKirchStG. So gibt es im KVVG bspw. auch noch Regelungen, die für kirchliches Handeln staatliche Genehmigungspflichten vorsehen (vgl. nur § 15 KVVG), solche Vorschriften kennt das BayKirchStG ausschließlich für die Genehmigung der Steuerordnung des gemeindlichen Steuerverbands, also auf Pfarreiebene nur dort, wo die Kirchengemeinde in ihrer Rolle als Körperschaft des Öffentlichen Rechts tatsächlich hoheitlich tätig wird.

Bereits zum Zeitpunkt, in dem sich das KVVG noch direkt an Art. 137 Abs. 3 WRV messen lassen musste, bestand die gefestigte und in der höchstgerichtlichen Rechtsprechung geteilte Auffassung, dass Art. 137

265 Vgl. *von Loewenich*, Kirchenvermögensverwaltungsrecht, 196–212.

266 S. *Althaus*, 75 Jahre Preußisches Kirchenvorstandsgesetz, 274 f. auch zum generellen Anwendungsbereich: Das heute noch geltende Gesetz von 1924 betrifft Kirchengemeinden, Gemeindeverbände und Institutionen auf diözesaner Ebene.

267 S. oben unter C. II.

WRV den Staat zwar nicht seiner bestehenden Aufsichtsrechte beraubt, ihm jedoch zumindest untersagt, direkt und unmittelbar in die kirchliche Verwaltung und Organisation einzugreifen. Insofern galt dies auch für Gesetze, die bereits vor Inkrafttreten der Weimarer Reichsverfassung galten und unter der WRV so nicht mehr verfassungsgemäß hätten erlassen werden können.[268]

Damit waren bereits zu Zeiten der WRV jegliche staatliche Rechtsakte, die bspw. kirchliche Willensbildung von staatlicher Genehmigung abhängig machten, verfassungswidrig. Insofern wurde Art. 137 Abs. 3 WRV dahingehend interpretiert, dass es dem staatlichen Gesetzgeber verwehrt war, kirchliche Belange der Vermögensverwaltung speziell zu regeln, außer er erließ Gesetze, die als solche für alle Rechtssubjekte gleichzeitig gelten.[269] Umstritten war zwar, ob nicht der Landesgesetzgeber aufgrund der fehlenden kirchenrechtlichen Möglichkeit unter dem damals geltenden CIC/1917 dazu verpflichtet und ermächtigt ist, die Vermögensverwaltung der katholischen Kirchengemeinden allgemeinverbindlich selbst zu regeln. Diese Ansicht war jedoch abzulehnen, weil die Art und Weise, wie sich die innere Willensbildung und Vertretung einer Kirchengemeinde vollzieht, genuin dem innerkirchlichen Rechtskreis zuzuordnen ist.[270] Daher war es bereits zum Zeitpunkt des Erlasses nach damaliger Auffassung verfassungsgemäß nicht möglich, das KVVG mit seinem Inhalt so zu erlassen.[271] Selbst wenn man jedoch annimmt, dass die Bischöfe im Rahmen impliziter Zustimmung und Tolerierung des KVVG der Einschränkung ihrer Organisationsfreiheit zugestimmt haben, sind einzelne Normen davon ausgeschlossen:[272]

Es gibt im KVVG nämlich zumindest Einzelnormen, deren Verfassungswidrigkeit mittlerweile entweder zusätzlich gerichtlich festgestellt oder in der Literatur uneingeschränkt angenommen wurde, insbesondere auch, weil die Bischöfe diese Normen sicherlich nicht tolerierten: Darunter fällt zunächst der bereits erwähnte § 15 KVVG, der eine Genehmigungspflicht von verschiedenen Beschlüssen des Kirchenvorstands durch eine staatliche Aufsichtsbehörde vorsieht.[273] Auch die Vorschrift des § 16 KVVG, der ein Recht zur Einsichtnahme in die kirchliche Vermögensverwaltung sowie ein

---

268 S. Reichsgericht, RGZ 103, 91 f.

269 S. *von Loewenich*, Kirchenvermögensverwaltungsrecht, 194.

270 S. ebd., 199.

271 S. *Flick*, Das kirchenpolitische System der Weimarer Verfassung, 48.

272 S. *von Loewenich*, Kirchenvermögensverwaltungsrecht, 200–202.

273 Vgl. *Honkamp*, Kirchenvorstand, 38.

darauf aufbauendes Beanstandungsrecht der staatlichen Aufsichtsbehörde ermöglicht, dürfte verfassungswidrig sein. Das bedeutet aber nicht, dass überhaupt keine staatliche Möglichkeit zur Einsichtnahme in kirchliche Vermögensverwaltung besteht, die staatlichen Befugnisse aus der Strafprozessordnung bestehen unabhängig von § 16 KVVG.[274] Abschließend ist die in § 20 KVVG eingeräumte Möglichkeit für die Staatsbehörde, in Fällen, in denen bischöfliche Aufsichtsbehörden ihren aus dem KVVG resultierenden Pflichten nicht nachkommen, entsprechende Handlungen selbst vorzunehmen, als mit dem kirchlichen Selbstbestimmungsrecht unvereinbar anzusehen. Unabhängig von der Frage, ob und in welchem Ausmaß die Konstruktion der Verwaltung der Kirchengemeinde auf Grundlage eines staatlichen Gesetzes als solche zur Verfassungswidrigkeit des gesamten KVVG führt, sind diese Vorschriften jedenfalls verfassungswidrig.[275]

Das überzeugende Ergebnis, dass das KVVG als solches verfassungswidrig ist, gilt dann auch für den Geltungsbereich des Grundgesetzes fort: Unter dem GG wird die kirchliche Selbstbestimmungsfreiheit noch stärker als in der WRV betont, insbesondere fiel die staatliche Kirchenaufsicht vollständig weg.[276] Insofern lässt sich also der Schluss ziehen, dass das KVVG, wenn es schon unter der WRV verfassungswidrig war, erst recht nicht mit dem Grundgesetz vereinbar ist.[277]

Auf diesen Erwägungen aufbauend stellt sich jedoch die Frage, was die Konsequenzen einer Verfassungswidrigkeit des KVVG nach geltendem Recht für die Pfarrei und deren Rolle im Staatskirchenrecht sind. Dies lässt sich sowohl aus der Perspektive des staatlichen Rechts als auch aus der kirchenrechtlichen Perspektive beurteilen: Im deutschen Recht sind verfas-

274 Vgl. ebd., 41. Unabhängig von der geringen praktischen *Relevanz* ist auch die Regelung des § 16 Abs. 2 KVVG, dass der Kirchenvorstand direkt das Oberverwaltungsgericht zur Klärung einer Streitigkeit aus einer Beanstandung anrufen kann, systemwidrig und anachronistisch. Staatliche Eingriffe in kirchliche Verwaltungen durch Real- oder Verwaltungsakt werden grds. erstinstanzlich durch die VG entschieden. Mit der Annahme, dass das KVVG selbst verfassungswidrig war, käme man jedoch darüber zu einer erstinstanzlichen Zuständigkeit des jeweiligen VG. Im allgemeinen deutschen Prozessrecht träte dann jedoch die Frage, deren Beantwortung hier jedoch den Rahmen sprengen würde, auf, ob ein Gericht die Verfassungsmäßigkeit einer Zuständigkeitsvorschrift prüfen und sich auf Basis des Ergebnisses für unzuständig erklären darf, oder ob es dafür einer Entscheidung eines Verfassungsgerichtes bedarf.

275 Vgl. ebd., 45.

276 S. *Campenhausen/de Wall*, Religionsverfassungsrecht, § 15 Rn. 1.

277 So auch *von Loewenich*, Kirchenvermögensverwaltungsrecht, 233.

sungswidrige Normen, sobald deren Verfassungswidrigkeit durch ein Gericht mit der entsprechenden Prüfungskompetenz[278] festgestellt worden ist, nichtig.[279] Insofern verpflichtet das KVVG gegenüber dem Staat die Kirchengemeinden nicht. Die Kirchengemeinden könnten also bspw., wollte eine staatliche Aufsichtsbehörde tatsächlich einmal ein Einsichtsnahmerecht aus § 16 KVVG geltend machen, einen solchen Rechtsakt über den Weg der Verfassungsbeschwerde für verfassungswidrig erklären lassen.[280]

Anders ist die Frage für den kirchlichen Bereich zu beurteilen: Hier kommt die Tatsache, dass das KVVG durch die kirchlichen Vermögensträger seit 1924 in der jeweils geltenden Fassung angewendet wird, zum Tragen.[281] Man kann daher durch die regelmäßige Ausübungspraxis des KVVG durch kirchliche Rechtsträger, unabhängig von der Frage, ob und inwieweit der staatliche Gesetzgeber mit dem KVVG die Körperschaft des Öffentlichen Rechts wirksam verpflichten konnte, davon ausgehen, dass hier eine gewohnheitsrechtliche Rezeption, mithin Kanonisation stattfand.[282]

Unter einer solchen Kanonisation wird ein kirchlicher Hoheitsakt, der eine staatliche Rechtsnorm in die kirchliche Rechtsordnung einfügt und sich diese somit zu eigen macht, verstanden. Der kirchliche Gesetzgeber regelt einen Sachverhalt also materiell nicht selbst, sondern bedient sich der staatlichen Ordnung einer Materie und nimmt diese in seine eigene Rechtsordnung auf.[283] Kanonisierte Gesetze (*normae* bzw. *leges canonizatae*) entfalten für den Rechtsunterworfenen dieselbe Verbindlichkeit wie kanonische Gesetze, sie sind jedoch materiell staatliche Normen, deren Verbindlichkeit auf das Partikularrecht beschränkt ist, und sie können an-

278 Für das KVVG als nordrhein-westfälisches Landesrecht hat diese Prüfungskompetenz das Landesverfassungsgericht am Maßstab der preußischen Verfassung sowie das Bundesverfassungsgericht am Maßstab des Grundgesetzes.

279 Vgl. *Schlaich/Korioth*, Das Bundesverfassungsgericht, Teil 4, Rn. 135 f. zur Verfassungsbeschwerde.

280 Täten sie das nicht, und würden bspw. ein das Auskunftsverlangen beschreibender Verwaltungsakt nach Ablauf der Rechtsbehelfsfrist bestandskräftig, bliebe dessen Wirksamkeit aber wegen des Grundsatzes der Rechtssicherheit bestehen.

281 S. *von Loewenich*, Kirchenvermögensverwaltungsrecht, 233.

282 S. *Schmitz*, Das kirchliche Vermögensrecht als Aufgabe der Gesamtkirche, 20 zur Geltungsgrundlage des KVVG im kirchlichen Bereich: „*Die kirchliche Geltung des (verfassungswidrigen) preußischen Gesetzes über die Verwaltung des preußischen Kirchenvermögens […] dagegen beruht auf teilkirchlichem Gewohnheitsrecht.*“

283 Vgl. *Socha*, c. 22, in: MKCIC, Rn. 6.

dere kanonische Gesetze nicht beeinträchtigen.[284] Die Grenzen der Kanonisation liegen dann inhaltlich in der Bindung der Kirche an göttliches Recht, dem kanonisiertes staatliches Recht schlechthin nicht widersprechen darf, sowie im bisher bestehenden sonstigen kirchlichen Recht, das eine wirksame Kanonisation ebenfalls ausschließen kann. Man kann ebenfalls zwischen statischer und dynamischer Kanonisation unterscheiden. Statische Kanonisation übernimmt nur den Wortlaut des ursprünglichen staatlichen Gesetzes zum Zeitpunkt des Inkrafttretens in die kirchliche Rechtsordnung, während bei dynamischer Rezeption auch die staatlichen Änderungen des Gesetzes und auch damit verbundene Interpretationen fortlaufend mitberücksichtigt werden.[285]

Insofern, als dass man das KVVG als nach deutschem Verfassungsrecht nichtiges, aber durch die Figur der *lex canonizata* durch die kirchlichen Rechtsträger anerkanntes und im Rahmen ihrer eigenen Rechtssetzungskompetenz adaptiertes Recht versteht, hat der kirchliche Gesetzgeber sich die Inhalte des KVVG also zu eigen gemacht.[286] Damit bedeutet das, dass die Vorschriften des KVVG nunmehr als kirchliches und nicht als staatliches Recht fortgelten. Sie binden kirchliche Vermögensträger aufgrund des kirchlichen Adaptionsakts, der im Rahmen dynamischer Rezeption des KVVG und seiner Änderungsgesetze für diese Vermögensträger wirksam wird. Durch das KVVG werden in Nordrhein-Westfalen keine Rechte und Pflichten gegenüber dem Staat tangiert oder begründet, der Staat kann sich gegenüber den kirchlichen Körperschaften des Öffentlichen Rechts nicht direkt auf das KVVG berufen. Für die Aufsichtsrechte aus dem KVVG, die staatliche Rechtsträger berechtigen, kann darüber hinaus nicht davon ausgegangen werden, dass sie als *leges canonizatae* fortgelten und adaptiert wurden: Weder wurden sie in der Vergangenheit überhaupt in relevantem Maße angewendet, noch ist anzunehmen, dass ein kirchlicher Gesetzgeber für ihn unmittelbar nachteilige Rechtsnormen als eigenes Recht adaptiert.[287]

Das Verständnis des KVVG als kanonisiertes kirchliches Gesetz hat jedoch konkrete praktische Auswirkungen, insbesondere was die Frage des Rechtswegs und des Rechtsschutzes gegen auf Basis des KVVG ergangene Entscheidungen angeht. Verstünde man das KVVG nämlich als die Kir-

284 S. ebd.

285 S. ebd., Rn. 8 f.

286 Vgl. *von Loewenich*, Kirchenvermögensverwaltungsrecht, 266.

287 Vgl. ebd., 237 f.

chen verpflichtendes staatliches Gesetz, so wäre die Frage aufzuwerfen, ob denn nicht auch eine fehlerhafte Kirchenvorstandswahl vor einem staatlichen Gericht, das dann die entsprechende Prüfungs- und Entscheidungskompetenz hätte, anzufechten wäre.[288]

Die Frage nach den Rechtswirkungen des KVVG hinsichtlich der Zuständigkeit staatlicher Gerichte für innerkirchliche Rechtsakte auf der Grundlage des KVVG wurde dann auch in der Rechtsprechung unterschiedlich beantwortet. Zunächst befasste sich das VG Aachen in einem Urteil mit der Frage, ob ein Verwaltungsgericht über eine Wahlprüfungsklage gegen eine Kirchenvorstandswahl entscheiden könne:[289] Das Gericht bejahte dies. Es begründete dies, kurz zusammengefasst, damit, dass das KVVG als staatliches Gesetz weiter fortbestehe, gegen seine Verfassungsmäßigkeit in der Weimarer Zeit bereits keine Bedenken geäußert wurden und das KVVG folglich unmittelbar weiter fortgelte. Die Wahl in den Kirchenvorstand, die auf Basis dieses Gesetzes ergehe, sei somit eine, die auf Grundlage eines staatlichen Gesetzes erfolge, sodass es sich um eine öffentlich-rechtliche Streitigkeit handle, zu deren Entscheidung die Verwaltungsgerichte berufen seien.[290] Bereits die dargestellte Diskussion zur Verfassungsmäßigkeit des KVVG aus der Zeit der Geltung der WRV zeigt jedoch, dass die Argumentation des Gerichts auf falschen Prämissen beruht und die Ansicht, dass die Verfassungsmäßigkeit des KVVG unbedenklich sei, abzulehnen ist.

Mit einer vergleichbaren Frage war das OVG Münster konfrontiert: Das Gericht hatte sich mit dem staatlichen Rechtsschutz gegen eine Entscheidung des Kirchenvorstands, der Kläger sei in diesen nicht gewählt worden, weil er das Mindestalter von 30 Jahren nach § 5 KVVG nicht erfüllt habe, auseinanderzusetzen.[291] Der wesentliche Argumentationsstrang des Gerichts bestand darin, auf Art. 19 Abs. 4 GG zu rekurrieren. Diese Norm garantiert verfassungsrechtlich den Rechtsweg gegen staatliche Entscheidungen, sofern öffentliche Gewalt ausgeübt wird. Das OVG Münster

288 Dann käme man auch zu einem anderen als dem unter D. III. 2. dargestellten Verhältnis zwischen staatlichem und kirchlichem Recht – und hätte dann eine zwischen Bundesländern bestehende Friktion, dass man in Nordrhein-Westfalen Kirchenvorstandswahlen vor den Verwaltungsgerichten anfechten könnte, während dies in Bayern nicht ginge, weil die Rechtsgrundlage für die Kirchenverwaltung dort eben in der KiStiftO liegt.

289 S. VG Aachen, NJW 1972, 787.

290 Vgl. ebd., 787 f.

291 S. OVG Münster, DVBl. 1978, 921 f.

stellte jedoch in diesem Zusammenhang fest, dass es sich bei der Wahl zum Kirchenvorstand bzw. bei der Feststellung der Nichtwahl nicht um einen Akt der öffentlichen Gewalt handle.[292] Die Wahl zum Kirchenvorstand sei dem kircheninternen Bereich zuzuordnen, der vom verfassungsrechtlich garantierten Selbstbestimmungsrecht geschützt und im Rahmen der Organisationsfreiheit durch die Kirchengemeinden umfassend selbst verwaltet werde. Die Wahl zum Kirchenvorstand sei zwar mittelbar mit dem kirchlichen Vermögensverwaltungsrecht verbunden, jedoch berühre die Vermögensverwaltung erst dann die staatliche Rechtsordnung, wenn die kirchlichen Rechtsträger im Rechtsverkehr mit Außenwirkung tätig werden.[293] Bezüglich der Rolle des KVVG in dem Zusammenhang merkte das Gericht einerseits an, dass die Verfassungsmäßigkeit des Gesetzes als solchem durch seine Regelung innerkirchlicher Organisationsprozesse infrage gestellt sei. Andererseits betonte das Gericht, dass es auf die äußere Form der Rechtsgrundlage nicht ankomme. Selbst wenn das KVVG weitergelte, unabhängig davon, ob als staatliches oder kanonisiertes kirchliches Gesetz, sei auf den Sachzusammenhang abzustellen, wenn geklärt wird, ob ein kirchlicher Handlungsakt öffentliche Gewalt darstelle. Dies liege bei einer Kirchenvorstandswahl nicht vor.[294] Daher kam das OVG zu dem Ergebnis, dass der Rechtsweg zu staatlichen Gerichten für die Anfechtung von Kirchenvorstandswahlen nicht eröffnet sei. Das Gericht lehnt damit auch die dargestellte Auffassung des VG Aachen ab. Sein Ergebnis ist damit dem des VG Aachen diametral entgegenstehend.

Eine Anmerkung zu der Entscheidung des OVG Münster zeigt in diesem Zusammenhang weiter auf, wie uneinheitlich die Rechtsnatur und Rechtsfolgenseite des KVVG verstanden wurde: Der Autor widersprach an dieser Stelle sowohl dem Ergebnis als auch der Begründung des OVG Münster, jedoch mit anderer Argumentation als mit der des VG Aachen.[295] Er stellte hier – konträr zum Gericht – gerade auf die formale Charakterisierung des KVVG als staatliches Gesetz ab. Als solches berechtige und verpflichte das KVVG aus der Perspektive des staatlichen Rechts die Kirchengemeinden. Das KVVG verleihe Befugnisse und organisiere die kirchliche Vermögensverwaltung, sodass mittelbar auch die Wahlordnung auf Basis des KVVG, die die innerkirchlichen Rechtsschutzmöglichkeiten

292 S. ebd.
293 Vgl. ebd., 922.
294 S. ebd., 923.
295 S. *Tammler*, Anm. zu OVG Münster, 923 f.

bei Kirchenvorstandswahlen regle, auf Grundlage einer staatlichen Anordnung hinsichtlich der Kirchen erlassen sei.[296] Wenn die Kirchengemeinden auf Basis des KVVG dann Kirchenvorstandwahlen durchführten, geschehe dies zunächst in Ausübung öffentlicher Gewalt. Ob die einzelne Norm tatsächlich eine verfassungsmäßige Organisationsvorschrift hinsichtlich kirchlichen Vermögens ist, soll nach dieser Auffassung keine Frage der Gerichtszuständigkeit bzw. der Rechtswegeröffnung sein, sondern stelle eine materielle Frage dar, die im Rahmen der Begründetheit der gegen eine auf Basis des KVVG erhobenen Klage zu prüfen ist.[297]

Im Ergebnis ist das Verständnis des KVVG als *lex canonizata* trotz der nicht völlig geklärten Frage nach Rechtsschutzmöglichkeiten eine zumindest materiell pragmatische und sinnvolle Lösung des verfassungsrechtlich bedenklichen Status des KVVG. Damit erfolgt also auch in Nordrhein-Westfalen die Vermögensverwaltung aus Basis eines kirchlichen Gesetzes, wenngleich dieses den Anschein eines staatlichen Gesetzes erweckt. Dieser Fakt ist von Seiten der staatlichen Stellen berücksichtigungs- und anerkennungspflichtig. Diese haben das KVVG in seiner von kirchlicher Seite adaptierten Version hinzunehmen.

2. Vorschriften zur territorialen Neuordnung von Pfarreigebiet

Anders als in Bayern, wo allein Art. 2 Abs. 3 BayKirchStG Vorschriften über die Verleihung von Körperschaftsrechten enthält, existieren für Nordrhein-Westfalen ausführlichere Vorschriften. Die relevanten landesrechtlichen Vorschriften bezüglich der staatlichen Mitwirkungspflichten bei der Neuordnung von Pfarreien sind in einer ausdrücklichen Vereinbarung zwischen dem Land Nordrhein-Westfalen und den Diözesen im Land Nordrhein-Westfalen geregelt, die auf Art. 3 des Preußenkonkordats zurück geht. § 1 dieser Vereinbarung stellt zunächst klar, dass die Umstrukturierung von Kirchengemeinden durch die zuständigen staatlichen Behörden anerkannt werden muss. Dies betrifft gem. § 1 Abs. 2 der Vereinbarung sowohl die Errichtung als auch die Auflösung, Zusammenlegung oder Trennung und

296 Vgl. ebd., 924.

297 S. ebd., 925. Man müsste mit dieser Auffassung und unter der Annahme, dass das KVVG verfassungswidrig ist, also zu dem Ergebnis gelangen, dass eine Anfechtung einer Kirchenvorstandswahl vor einem staatlichen Gericht zwar zulässig, aber dann materiell unbegründet ist – das gleiche Ergebnis wird dann über einen anderen Weg erreicht.

die Grenzveränderung von Pfarreien. Der Antrag kann gem. § 2 der Vereinbarung erst nach dem innerkirchlichen Vollzug eines Umstrukturierungsdekrets gestellt werden, er wird durch den Diözesanbischof gestellt und ist gem. § 3 durch ihn mit Begleitunterlagen, insbesondere der bischöflichen Vollzugsurkunde, versehen, zu stellen. Eine Versagung des Antrags ist nur aus formellen Gründen möglich, nämlich gem. § 5 Abs. 1 der Vereinbarung nur dann, wenn die formellen Voraussetzungen des § 3 nicht eingehalten werden, also im Ergebnis, wenn der Antrag unvollständig ist.[298] Bei einer wirksamen Anerkennung ergeben sich aus § 6 und § 7 der Vereinbarung die Rechtsfolgen: Die Umstrukturierung wird durch eine Urkunde, deren Inhalt sowohl im Amtsblatt der Diözese als auch in dem des Regierungspräsidiums veröffentlicht wird, beurkundet und nachgewiesen. Der Status als Körperschaft des Öffentlichen Rechts tritt dann infolge der Anerkennung ab dem Tag der Geltung der kirchlichen Errichtungsurkunde ein, sofern diese vor dem Anerkennungstermin liegt, mit dem Datum der staatlichen Anerkennung.[299]

Für das Verhältnis von Kirche und Staat auf der Pfarreienebene wiederum paradigmatisch kann § 3 Abs. 2 lit. e. der Vereinbarung stehen: Diese Norm besagt, dass die Einhaltung der vorgeschriebenen kirchenrechtlichen Vorschriften bei der Umstrukturierung der kirchlichen Pfarreistrukturen eingehalten werden muss. Allerdings wird dies lediglich durch eine Erklärung des Diözesanbischofs, dass die kirchenrechtlichen formellen und materiellen Voraussetzungen eingehalten wurden, nachgewiesen. Eine Überprüfung durch das Regierungspräsidium als staatliche Anerkennungsbehörde, ob denn diese Erklärung wirklich stimmt, also ob die Voraussetzungen tatsächlich vorliegen, findet insofern nicht statt. Eine solche Prüfung wäre insoweit auch nicht zulässig, weil dem Staat keine entsprechende Prüfungskompetenz kirchenrechtlicher Vorschriften zukommt.[300] Auch hier entfaltet ein innerkirchlicher Rechtssetzungsakt – die bischöfliche Urkunde in Verbindung mit der Erklärung des Vorliegens der kirchenrechtlichen Voraussetzungen – also bindende Tatbestandswirkung im staatlichen Recht.

---

298 *Kämper*, Zusammenlegung katholischer Kirchengemeinden, 475: *„Nach § 5 Abs. 1 der Vereinbarung darf die Anerkennung nämlich nur versagt werden, wenn der Antrag nicht den in § 3 bestimmten Erfordernissen entspricht.“*

299 S. ebd.

300 S. *Schlief*, Rolle des Staates, 99.

Schlief vertritt darüber hinaus den Standpunkt, dass bereits die kirchliche Umstrukturierung zu einer Errichtung der Pfarrei als Körperschaft des Öffentlichen Rechts führt, deren Anerkennung durch die staatliche Behörde dieser lediglich noch die Rechtsfähigkeit nach staatlichem Recht verleiht, und argumentiert hier im Wesentlichen mit dem Wortlaut des § 1 Abs. 1 der Vereinbarung, der von „um für den staatlichen Bereich wirksam zu werden“[301] spricht, wobei er die Frage nach der Rechtsfähigkeit einer solchen mit seiner Argumentation vor der Anerkennung bestehenden Körperschaft des Öffentlichen Rechts ausklammert.[302] Dies insinuiert jedoch, dass der Bischof selbst durch die Umstrukturierung eine neue Körperschaft des Öffentlichen Rechts schafft, die durch die Rechtsverleihung durch die staatliche Behörde sozusagen nur noch bestätigt wird.

Diese Ansicht ist jedoch abzulehnen, weil sie die Rechtsnatur des Status als Körperschaft des Öffentlichen Rechts verkennt:[303] Die ggf. unpräzise Formulierung in der Vereinbarung kann nicht darüber hinwegtäuschen, dass die Verleihung der Körperschaftsrechte eine originäre Staatsaufgabe ist, die einen staatlichen Hoheitsakt darstellt, und zwar umfassend.[304] Eine Trennung zwischen Errichtung einer Körperschaft des Öffentlichen Rechts und der Rechtsverleihung, ggf. auch durch unterschiedliche Rechtsträger, ist nicht vorgesehen. Bischöfe können nicht selbst – auch nicht in vorläufiger Form – Körperschaften des Öffentlichen Rechts errichten. Der Staat – und ausschließlich der Staat – errichtet die Körperschaft des Öffentlichen Rechts durch eigenen Hoheitsakt.[305] Deswegen ist § 1 Abs. 2 der Vereinbarung auch so zu verstehen, dass er die Wirksamkeit der kirchlichen Umstrukturierungsmaßnahme betrifft. Diese betrifft die Pfarreien als öffentliche juristische Personen nach kanonischem Recht – sofern eine Umstrukturierungsmaßnahme, die diese kirchlichen juristischen Personen

301 Abs. 1 S. 1 der Vereinbarung: *„Die Bildung und die Veränderung von Kirchengemeinden bedürfen, um für den staatlichen Bereich rechtlich wirksam zu werden, der staatlichen Anerkennung.“*

302 S. *Schlief*, Rolle des Staates, 97.

303 Vgl. *Rüfner*, Gründung juristischer Personen, 432 f.

304 Vgl. ebd.: „Die Gründung juristischer Personen des öffentlichen Rechts ist ein Staatshoheitsakt, der seine Grundlage in einem Gesetz haben muss.“

305 Vgl. ebd., hier kann auch auf §§ 18, 21 des Landesorganisationsgesetzes in Nordrhein-Westfalen verwiesen werden, das diesen Grundsatz allgemeingültig für alle KdöR zum Ausdruck bringt. Insofern kann es auch keine „nicht rechtsfähige KdöR“ oder eine etwaige Sonderkonstellation geben.

betrifft, eben für den staatlichen Bereich wirksam werden soll,[306] errichtet der Staat mit Wirkung für seinen Rechtskreis die neue Pfarrei als Körperschaft des Öffentlichen Rechts und verleiht ihr dadurch die entsprechende Rechtsfähigkeit.

Für die Frage, wie verschiedene Kirchengemeinden überpfarrlich miteinander kooperieren können, lassen sich gesetzliche Antworten im KVVG finden.[307] Das KVVG kennt hier in § 22–27 das Konzept des Gemeindeverbands. Dies ist ein überpfarrlicher Rechtsträger, welcher es ermöglicht, Aufgaben, die den konkreten Kirchenvorstand ggf. überlasten würden, zu bündeln und gemeinsam zu verwalten. Er ist also von seiner Grundkonzeption in der mittleren Diözesanverwaltung angesiedelt. Dieser Gemeindeverband ist ebenfalls nach staatlicher Anerkennung eine Körperschaft des Öffentlichen Rechts, kann Träger von Vermögen sein und entweder aus Zweckgründen oder aus territorialen Gesichtspunkten zwischen verschiedenen Kirchengemeinden errichtet werden.[308] Die Errichtung wird mit Zustimmung der Kirchenvorstände der beteiligten Kirchengemeinden und Anerkennung durch die staatliche Behörde durch den Diözesanbischof vorgenommen. Die Verbandsvertretung ist das willensbildende Organ des Gemeindeverbands und eigenes Organ einer eigenen Körperschaft, sodass seine Entscheidungsgewalt nicht von den ursprünglichen Kirchengemeinden abgeleitet wird, sondern ihr originär zusteht.[309] Bei größeren Gemeindeverbänden ist es möglich, die laufende Verwaltung auf einen Verbandsausschuss zu delegieren, der jedoch seine Befugnisse von der Verbandsvertretung ableitet und damit nur in den Grenzen der Bevollmächtigung, die ihm von der Verbandsvertretung eingeräumt werden kann, zu handeln befugt ist.[310]

Der Kirchengemeindeverband stellt in diesem Zusammenhang eine weitere Form des Gemeindeverbands dar. Dieser übernimmt im Rahmen von pastoralen Zukunftskonzepten Aufgaben der Kirchengemeinden, die ihm dafür übertragen wurden, um einerseits Pfarreien und Ortsvermögen

306 *Schlief*, Rolle des Staates, 95 vertritt, dass der Fall, dass eine Anerkennung als KdöR nicht beantragt wird, ein Verstoß von kirchlicher Seite gegen die Vereinbarung wäre, was sich jedoch – unabhängig von jeder praktischen Notwendigkeit, dass eine Pfarrei als KdöR anerkannt wird – so aus dem Wortlaut der Vereinbarung nicht ergibt.

307 S. *Hense*, Vermögensrechtliche Aspekte, 118.

308 S. *Emsbach/Seeberger*, Rechte und Pflichten, 16.

309 S. ebd., 17.

310 S. ebd., 18 f.

ohne die Bildung neuer Kirchengemeinden zu behalten, andererseits aber operative Aufgabenzusammenlegung zu ermöglichen. Insofern funktioniert der Kirchengemeindeverband organisatorisch wie der gesetzliche Regelfall des Gemeindeverbands, seine Aufgaben werden ihm aber von den beteiligten Kirchengemeinden direkt und je nach Notwendigkeit übertragen.[311]

3. Die gesetzliche Regulierung kirchlichen Pfarreivermögens

Für die rechtliche Ordnung des kirchlichen Pfarreivermögens von staatlicher Seite auf Ebene der Kirchengemeinde gilt in Nordrhein-Westfalen stand jetzt also das preußische KVVG als kanonisiertes kirchliches Recht. Das Ziel dieses Abschnitts ist es jedoch nicht, das KVVG umfassend zu kommentieren, sondern die wesentlichen Besonderheiten, insbesondere in Abgrenzung zu den Regelungen in Bayern, herauszuarbeiten.[312] Der Kirchenvorstand ist ebenso wie die bayerische Kirchenverwaltung ein Kollegialorgan, das aus dem Pfarrer als Vorsitzendem sowie gewählten Mitgliedern besteht. Diese verwalten das Vermögen der Kirchengemeinde als Körperschaft des Öffentlichen Rechts oder der mit der Kirchengemeinde assoziierten Stiftungen.[313]

Anders als in Bayern ist bisher die Wahl in den Kirchenvorstand geregelt. Hier sind die Grundsätze einer freien, geheimen Wahl zwar auch gewährleistet, allerdings kommt es zu Unterschieden sowohl was die Wählbarkeit als auch die Dauer der Wahl angeht. Anders als in der KiStiftO gibt es im KVVG keine Vorgaben, die Menschen, die mit einer Kirchenstrafe belegt wurden, pauschal von der Wählbarkeit in die Kirchenverwaltung ausschließen. Vielmehr kann die Kirchenbehörde lediglich in Einzelfällen einem Individuum das passive Wahlrecht entziehen, wobei hier auch keine allgemeinen Regelungen für einen bestimmten Personenkreis möglich sind.[314] Hier wird dann wieder deutlich, dass das KVVG von staatlicher und nicht von kirchlicher Seite verfasst wurde.

311 Vgl. ebd., 20 f.

312 Eine umfassende Kommentierung findet sich bei *Honkamp*, Kirchenvorstand.

313 S. *Kämper/Schulten*, Selbstbestimmung, Rn. 67.

314 *Honkamp*, Kirchenvorstand, 17: „*Voraussetzung für den Ausschluss kann immer nur eine kirchenbehördliche Entscheidung im Einzelfall, nicht aber als Allgemeinverfügung (‚Ein wiederverheirateter Geschiedener ist nicht wählbar‘) sein.*“

Die Beschlussfassung des Kirchenvorstands ist in § 13 Abs. 2 KVVG geregelt: Das KVVG ist hier jedoch knapper als die KiStiftO: Die Beschlussfassung erfolgt ebenfalls mit der Stimmenmehrheit der Erschienenen und die Regelung zur Losentscheidung bei Stimmgleichheit in der Stichwahl korrespondiert mit Art. 19 Abs. 4 KiStiftO. Auch ein Entscheidungsrecht des Vorsitzenden des Verwaltungsorgans bei Stimmgleichheit bezüglich eines Beschlusses findet sich sowohl in der KiStiftO (Art. 19 Abs. 1) als auch im KVVG in § 13 Abs. 2. Anders als die KiStiftO in Bayern verbietet das KVVG eine Enthaltung bei der Stimmabgabe jedoch nicht explizit. Daher war bisher umstritten, ob das KVVG eine Beschlussfassung per relativer Mehrheit zulässt oder nicht.[315] Dieser Streit korrespondierte mithin mit der Frage, ob es den Mitgliedern des Kirchenvorstands möglich war, sich ihrer Stimme zu enthalten. Eine Ansicht bejahte dies und verwies darauf, dass es in einem demokratischen Rechtsstaat möglich sein müsse, dass Mitglieder eines abstimmenden Kollegialorgans sich der Stimme bei einer Abstimmung enthalten können.[316] Dem wird andererseits entgegengehalten, dass der Wortlaut des § 13 Abs. 2 KVVG von der Mehrzahl der Stimmen der erschienenen Kirchenvorstandsmitglieder spricht und die Mitglieder des Kirchenvorstands durch diese Regelung zu einer eindeutigen Stimmabgabe zu einem Beschluss verpflichtet werden.[317] Der Aussage, das Verbot der Stimmenthaltung „widerspräche allgemeinen demokratischen Grundsätzen und könne daher nicht Absicht des Gesetzgebers gewesen sein“[318] ist dahingehend zu entgegnen, dass bereits das Grundgesetz selbst in Art. 52 Abs. 3 GG mit dem Bundesrat ein Verfassungsorgan vorsieht, bei dem die Stimmenthaltung nicht möglich ist, da auch hier die „Mehrheit seiner Stimmen“ zur Beschlussfassung vorgesehen ist. Daher war es unter dem KVVG nicht möglich, Beschlüsse mit der relativen Mehrheit der abgegebenen Stimmen zu fassen.[319]

Ein weiterer Streit besteht unter dem KVVG darin, wie weit der Ausschluss von der Beschlussfassung durch persönliche Betroffenheit reicht. § 13 Abs. 3 KVVG sieht vor, dass ein Verbot der Beschlussfassung nur

315 Vgl. ebd., 30 f.

316 S. *Emsbach/Seeberger,* Rechte und Pflichten, 63 f.

317 S. *Honkamp*, Kirchenvorstand, 30 f.

318 *Emsbach/Seeberger*, Rechte und Pflichten, 63.

319 Letztlich dürfte das Problem praktisch weniger relevant gewesen sein, sofern ein mit relativer Mehrheit gefasster Beschluss am Ende tatsächlich ausgefertigt und vollzogen wurde und alle Beteiligten damit einverstanden waren.

dann besteht, wenn ein Kirchenvorstandsmitglied an dem Gegenstand des Beschlusses selbst beteiligt ist. Darunter kann unter einer am Wortlaut orientierten Auslegung nur ein unmittelbarer persönlicher Nachteil oder Vorteil für das jeweilige Mitglied verstanden werden. Vorteile oder Nachteile durch einen Beschluss des Kirchenvorstands für einen Angehörigen des Mitglieds fallen nach dieser Auslegung, wenn sie keine unmittelbaren wirtschaftlichen Folgen für das Kirchenvorstandsmitglied selbst implizieren, nicht unter den Ausschluss wegen persönlicher Beteiligung.[320] Mit Verweis auf andere Vorschriften, die den Begriff der persönlichen Beteiligung weiter verstehen, stellt sich *Honkamp* dieser wortlautgetreuen Auslegung entgegen und nimmt die persönliche Beteiligung auch bei einer Beteiligung von näheren Verwandten oder bei einem geplanten Folgegeschäft durch das Kirchenvorstandsmitglied, das auf einen Kirchenvorstandsbeschluss aufbaut, an.[321] Diese Ansicht ist vor dem Hintergrund der Tatsache, dass der Kirchenvorstand nicht nur durch das KVVG, sondern auch durch den CIC gebunden wird, vorzugswürdig. Das kirchliche Vermögensverwaltungsrecht ordnet in C. 1298 CIC an, dass Rechtsgeschäfte an Verwandte, die mit einem Vermögensverwalter bis zum vierten Grad blutsverwandt sind, nur mit besonderer Genehmigung der kirchlichen Autorität möglich sind. Dieser Grundsatz lässt sich entsprechend auf die Frage, wie weit die Formulierung „selbst betroffen"[322] in § 13 KVVG zu verstehen ist, übertragen, gerade wenn man die besondere Rolle des KVVG als kanonisiertes Recht berücksichtigt.[323]

Für Willenserklärungen nach außen im Rechtsverkehr ist § 14 KVVG relevant: Dieser fasst die Wirksamkeitsvoraussetzungen kurz zusammen: Der Vorsitzende oder sein Stellvertreter und zwei weitere Kirchenvorstandsmitglieder müssen schriftlich und unter Beidrückung des Amtssiegels die Willenserklärung abgeben, zeitgleich wird damit bestätigt, dass das Beschlussverfahren im Kirchenvorstand ordnungsgemäß abgelaufen ist. Hier ergibt sich kein wesentlicher inhaltlicher Unterschied zur Rechtslage in Bayern. Letztlich zeigt § 14 KVVG deutlicher als sein bayerisches Pendant auf, dass dem formalisierten Beschluss eine gewisse Tatbestandswirkung zukommt: Der Wortlaut des § 14 a.E. KVVG „hierdurch wird nach

320 S. *Emsbach/Seeberger*, Rechte und Pflichten, 60.

321 S. *Honkamp*, Kirchenvorstand, 32.

322 § 13 Abs. 3 KVVG.

323 S. auch *Honkamp*, Kirchenvorstand, 32.

außen die Ordnungsmäßigkeit der Beschlußfassung festgestellt"[324], stellt eine dem Vertrauensschutz des Rechtsverkehrs dienende rechtliche Fiktion dahingehend auf, dass ein Vertragspartner darauf vertrauen darf, dass ein unter Beidrückung des Amtssiegels und unter Unterzeichnung durch zwei Kirchenvorstandsmitglieder abgeschlossenes Rechtsgeschäft tatsächlich auf Basis eines wirksamen Kirchenvorstandsbeschlusses erfolgt. Lediglich in den Fällen, in denen der Vertragspartner positive Kenntnis davon erlangt hat, dass der Kirchenvorstand das Rechtsgeschäft explizit abgelehnt hat, kann sich die Kirchengemeinde bei einem Überschreiten der Vertretungsmacht durch den Vorstand trotz Vorliegens einer gesiegelten Urkunde darauf berufen.[325]

Anders als in Bayern kennt das Kirchenvorstandsrecht in Nordrhein-Westfalen jedoch keine Vorschrift, die auf die Problematik des § 181 BGB im Rahmen von Transaktionen zwischen einzelnen Vermögensträgern, deren Vertretungsbefugnis bei derselben Person (dem Kirchenvorstand bzw. dessen gesetzlichen Vertreter) liegt, eingeht. Die Vorschriften aus Bayern können aufgrund der Tatsache, dass es sich um für die bayerischen Diözesen erlassenes innerkirchliches Eigenrecht handelt, auch nicht in diesem Zusammenhang analog angewandt werden. Eine Übertragung der Lösung für die diskutierten Problemfälle in Bayern (Befreiung vom Verbot des Insichgeschäfts für den Kirchenvorstand) ist jedoch eine taugliche Lösung und wird der Situation im ehemaligen Preußen auch vor dem Hintergrund, dass persönlich betroffene Kirchenvorstandsmitglieder von der Beschlussfassung im Kirchenvorstand ausgeschlossen sind, gerecht.[326]

Die Ausführungen zur fehlenden Genehmigung und Vertretungsmacht und den daraus resultierenden Konsequenzen lassen sich ebenfalls auf die Diözesen in Nordrhein-Westfalen übertragen. Dies geschieht nicht, weil es sich beim Zivilrecht um Bundesrecht handelt, sondern weil die Körperschaften des Öffentlichen Rechts in Nordrhein-Westfalen in ihrem eigenen (staatlichen und kirchlichen) Recht ebenfalls Genehmigungs- und Vertretungserfordernisse mit Außenwirkung festlegen konnten und festgelegt ha-

324 § 14 KVVG: „*Bekundet werden die Beschlüsse durch Auszüge aus dem Sitzungsbuche, die der Vorsitzende beglaubigt. Die Willenserklärungen des Kirchenvorstandes verpflichten die Gemeinde und die vertretenen Vermögensmassen nur dann, wenn sie der Vorsitzende oder sein Stellvertreter und zwei Mitglieder schriftlich unter Beidrückung des Amtssiegels abgeben. Hierdurch wird nach außen die Ordnungsmäßigkeit der Beschlußfassung festgestellt.*"

325 S. ebd., 36 f.

326 Vgl. *Bamberger*, Vertretungsrecht, 14 f.

ben.[327] Dabei ergibt sich jedoch ein Unterschied, der daraus resultiert, dass § 21 Abs. 2 KVVG anders als Art. 44 Abs. 2 KiStiftO von der Genehmigung des Beschlusses statt des Rechtsgeschäfts durch die Aufsichtsbehörde spricht. Insofern wird davon ausgegangen, dass der Wortlaut des § 21 KVVG auch genau so zu verstehen ist[328] – obwohl inhaltlich das Rechtsgeschäft als solches das ist, was die rechtliche Verpflichtung nach außen manifestiert. Daher ist es im Ergebnis überzeugender, § 21 KVVG dahingehend auszulegen, dass er entweder auf das dem Beschluss folgende Rechtsgeschäft angewendet wird oder dass der Genehmigung des Beschlusses eine konkludente Genehmigung des Rechtsgeschäfts mitgedacht wird.[329]

Hier kann auch noch auf eine weitere gerichtliche Entscheidung hingewiesen werden, die paradigmatisch für das Vertretungsrecht von Kirchengemeinden unter dem KVVG steht: In dem Fall des OLG Hamm ging es um den Anspruch eines Erdgaslieferanten gegen eine Kirchengemeinde als Betreiberin eines kirchlichen Altenheims, deren Abnahme- und Lieferverträge durch den Pfarrer ohne Wahrung der Form des § 14 KVVG alleine unterzeichnet wurden.[330] Das Gericht stellte folgerichtig fest, dass die Kirchengemeinde wegen dieses Formverstoßes nicht an die unterzeichneten Verträge gebunden war, weil die Einhaltung der Formerfordernisse als Wirksamkeitserfordernis nicht gewahrt blieb. Der Schwerpunkt der Entscheidung lag dann auf einer Diskussion von möglicherweise einschlägigen Ausnahmen von dem Formerfordernis des § 14 KVVG. Dazu führte das Gericht konsequent aus, dass auch eine einfach dem Pfarrer erteilte rechtsgeschäftliche Ermächtigung den Voraussetzungen des § 14 KVVG genügen muss. Dies entspreche dem Grundsatz, dass eine rechtsgeschäftliche Vollmacht dem Formerfordernis des zu bevollmächtigenden Rechtsgeschäfts Genüge tun müsse. Eine solche Ermächtigung hätte den Pfarrer dazu berechtigt, Rechtsgeschäfte auch ohne weitere Gegenzeichnung durch zwei weitere Mitglieder des Kirchenvorstands wirksam einzugehen. Infolge der Tatsache, dass eine solche formgemäße Ermächtigung jedoch nicht vorlag, konnte sich der Vertragspartner auf diese auch nicht beru-

327 Würde bspw. § 14 KVVG nicht existieren, könnte die fehlende Beidrückung des Amtssiegels in Nordrhein-Westfalen auch die Wirksamkeit einer Willenserklärung nicht beeinflussen.

328 Vgl. implizit *Emsbach/Seeberger*, Rechte und Pflichten, Rn. 189, der davon ausgeht, dass die Genehmigungsbedürftigkeit des Beschlusses festgestellt werden sollte.

329 S. *Bamberger*, Vertretungsrecht, 8 f.

330 S. OLG Hamm, NVwZ 1994, 205.

fen.[331] Auch zu den im Zivilrecht bekannten Vollmachten kraft Rechtsschein äußerte sich das Gericht und stellte fest, dass diese zwar auch auf Kirchengemeinden grundsätzlich anwendbar seien, aber der Rechtsschein durch den Kirchenvorstand gesetzt werden müsse. Die Tatsache, dass in anderen Kirchengemeinden Pfarrer auch alleine Verträge unterschrieben hätten, reiche dafür nicht aus.[332] Schließlich sei der in § 242 BGB dargestellte, dem deutschen Zivilrecht immanente Grundsatz von Treu und Glauben nicht zu Gunsten des Vertragspartners anwendbar, da die Formvoraussetzungen des § 14 KVVG das Kirchenvermögen vor unbedachten Handlungen Einzelner schützen sollen.[333] Das OLG Hamm hat also die besondere Bedeutung der kirchlichen Formerfordernisse für die Wirksamkeit des Rechtsgeschäfts hervorgehoben. Die Entscheidung deckt sich mit den obigen Ausführungen zu Formerfordernissen, deren Verstöße zu schwebender Unwirksamkeit führen.[334]

Bereits der thematische Schwerpunkt des KVVG zeigt auf, dass die Vermögensverwaltung über das Stiftungswesen in Nordrhein-Westfalen deutlich weniger stark als in Bayern ausgeprägt ist. Die zentrale Körperschaft, der kirchliches Vermögen zugeordnet wird, ist regelmäßig die Kirchengemeinde als solche.[335] Dies wird schon in § 1 Abs. 2 KVVG deutlich, der das Vermögen der Stiftungen dem Vermögen der Kirchengemeinde, welche durch den Kirchenvorstand vertreten wird, zuordnet. Mittelbar ergibt sich daraus auch, dass es in Nordrhein-Westfalen nicht mehr möglich ist, neue Kirchen- oder Pfründestiftungen zu errichten, sondern jegliches neu hinzugewonnene Vermögen dem einheitlichen Vermögensträger der Kirchengemeinde zufließen muss.[336] Daraus lässt sich nicht der Schluss ziehen, dass kirchliche Stiftungen in den Diözesen Nordrhein-Westfalens irrelevant sind. Auch hier existieren aus Zeiten, in denen das KVVG noch nicht in Kraft getreten war, noch Stiftungen, deren Verwaltung in zu Bayern vergleichbarer Weise auf Basis des Landesstiftungsgesetzes von Nordrhein-Westfalen

---

331 S. ebd.

332 S. ebd.

333 Vgl. ebd., 206.

334 S. D. V. 3.

335 Vgl. *Honkamp*, Kirchenvorstand, 6 sowie *Heckel/Pree*, Das Kirchliche Vermögen, 46: *„Die Kirchenstiftung ist in Bayern und Baden-Württemberg der Hauptträger des örtlichen Kirchenvermögens. [...] Die Kirchengemeinde ist im Bereich des Preußischen Vermögensverwaltungsgesetzes 1924 das zentrale Rechtssubjekt auf ortskirchlicher Ebene."*

336 S. ebd., 4 f.

sowie entsprechender kirchlicher Durchführungsbestimmungen und einzelner Stiftungssatzungen erfolgt. Insofern existiert jedoch keine einheitliche ‚Universalsatzung‘ für alle kirchlichen Stiftungen in Nordrhein-Westfalen, anders als dies in Bayern mit der KiStiftO der Fall ist.

III. Eine erste Analyse der im Jahr 2024 in Kraft tretenden Änderungen

Im Jahr 2024 wird sich die Situation in Nordrhein-Westfalen jedoch voraussichtlich ändern: Nach mehrjährigen Beratungen wird ein neues kirchliches Vermögensverwaltungsgesetz für die fünf Bistümer Nordrhein-Westfalens in Kraft treten. Der KVVG-E aus dem Jahr 2023 liegt dazu nach einem Konsultationsprozess mit einer Gesetzesbegründung mittlerweile vor, dieser geht auf einen ersten Entwurf aus dem Jahr 2022 zurück. Im Folgenden sollen die wesentlichen Änderungen zum KVVG von 1924, an passenden Stellen auch unter Berücksichtigung des Entwurfs- und Konsultationsprozesses, dargestellt und kontextualisiert werden. Insofern liegt der Schwerpunkt hier auf den Normen, die im Vergleich zum bisherigen staatlichen KVVG Neuerungen und Änderungen darstellen. Dabei soll keine umfassende Kommentierung vorgenommen werden, sondern vor dem Hintergrund der mit der Neuregelung verbundenen Intentionen in einzelnen Aspekten deren Zweckverwirklichung analysiert und die bisher ungeklärten Rechtsfragen schlaglichtartig auf ihre Klärung hin untersucht werden.

1. Kontinuität mit dem KVVG und Lösung von Rechtsfragen

Zunächst ist festzustellen, dass das der KVVG-E keinen vollständigen Bruch mit dem alten KVVG bezweckt: Dies wird bereits dadurch bekräftigt, dass die Abkürzung des Namens des Gesetzes sich nicht verändert hat und lediglich die gesetzgebende Stelle vom staatlichen auf den kirchlichen Gesetzgeber wechselt. Ausweislich am Entwurfs- und Redaktionsprozess beteiligter Personen ging es bei der Reform und Neufassung darum, ein bewährtes System der Vermögensverwaltung durch gewählte Laien beizubehalten und die konkrete Umsetzung den seit 1924 geänderten Rahmenbedingungen anzupassen.[337] Insofern sind die Änderungen vor diesem Hintergrund und darüber hinaus unter Berücksichtigung der Tatsache, dass sowohl der erste Entwurf des neuen KVVG als auch der nach einem Kon-

337 Vgl. *Baumann-Gretza/Hoischen*, Interview.

sultationsprozess entstandene neue KVVG-E in seiner finalen Version zur Verfügung stehen, zu betrachten. Wie bereits dargestellt wurde, gilt das KVVG momentan als *lex canonizata* in den Diözesen in Nordrhein-Westfalen. Indem die dortigen Diözesanbischöfe nun ein eigenes kirchliches KVVG erlassen, formalisieren sie einerseits den Inhalt der Regelungen als ihr eigenes kirchliches Gesetz, andererseits nutzen sie die Überarbeitungsmöglichkeit, um auf Unklarheiten, die beim Erlass des Gesetzes im Jahr 1924 noch nicht absehbar waren, einzugehen.

Zunächst stellt der KVVG-E zwei als programmatisch zu verstehende Vorschriften an den Anfang: In § 1 wird der Geltungsbereich des Gesetzes explizit definiert, während § 2 die Rechtsstellung der Kirchengemeinden und Kirchengemeindeverbände als Körperschaften des Öffentlichen Rechts bekräftigt. § 2 war jedoch in der Erstfassung des KVVG-E noch nicht enthalten und wurde erst im Rahmen des Konsultations- und Beratungsprozesses eingefügt. Die Gesetzesbegründung argumentiert hier mit der erleichterten Möglichkeit für den Gesetzesanwender, den Rechtsstatus der Kirchengemeinde im weltlichen Recht zu erkennen, muss freilich aber auch klarstellen, dass die Vorschrift letztlich rein deklaratorischer Natur ist – und somit auch keinen inhaltlichen Mehrwert hat.[338] Anders ist § 2 Abs. 2 KVVG-E zu beurteilen, der die grundsätzliche Übereinstimmung von Kirchengemeinde und kanonischer Territorialpfarrei statuiert bzw. bei fehlender Übereinstimmung derselben dem Diözesanbischof ein Zuordnungsrecht zuspricht. Die Formulierung in § 2 KVVG-E „dem Kirchenvermögen der Pfarrei entspricht das Vermögen der ihr entsprechenden Kirchengemeinde sowie das Vermögen in der ihr entsprechenden Kirchengemeinde“[339] ist eine für Außenstehende zumindest uneindeutige Formulierung der Zuordnung sonstiger Vermögensposten wie Stiftungsvermögen zum Pfarreivermögen, auch wenn die Differenzierung zwischen Vermögen der Kirchengemeinde und Vermögen *in* der Kirchengemeinde in § 3 und § 4 KKVG-E zum Ausdruck gebracht wird.

Von der organschaftlichen Gesamtkonstitution der Pfarrei ergeben sich insofern keine Änderungen zwischen altem und geplantem neuen Recht, als dass weiterhin eine vom Pfarrgemeinderat verschiedene, dem kirchenrechtlichen Vermögensverwaltungsrat äquivalente Kirchenverwaltung existiert, die vom Kirchenverwaltungsvorstand geleitet wird: Hier ist aus staatskirchenrechtlicher Sicht gerade für die organschaftliche Vertretung

338 Gesetzesbegründung KVVG-E, 18 f.

339 § 2 Abs. 2 S. 3 KVVG-E.

von Bedeutung, wer den Vorsitz im Kirchenvorstand nach dem neuen KVVG innehat. Den Regelfall bestimmt § 6 Abs. 1 S. 1 KVVG-E: Der Vorsitz liegt beim Pfarrer. Dies ist inhaltlich keine Änderung zu § 2 Abs. 1 Nr. 1 KVVG. In § 6 Abs. 1 S. 2 KVVG-E neu geregelt wurde jedoch der im alten KVVG nicht bedachte Fall, dass eine Pfarrei gem. C. 517 § 2 CIC nicht durch eine Person, sondern durch ein Leitungsteam geleitet wird. Hier liegt der Vorsitz im Kirchenvorstand nunmehr zwingend bei dem Priester, der für eine Pfarrei mit den pfarrlichen Befugnissen vertraut ist – ein Laienmitglied des Seelsorgeteams kann folglich den Vorsitz in den Kirchenvorstand nicht übernehmen.

Für die Wahl der Laienmitglieder in den Kirchenvorstand wurden umfassende Änderungen vorgenommen: Hier ist insbesondere darauf einzugehen, dass zum einen die Amtsdauer verkürzt wurde und die revolvierende Wahl der Hälfte der Kirchenvorstandsmitglieder alle drei Jahre abgeschafft wurde. Nunmehr stellt § 5 Abs. 3 KVVG-E klar, dass der gesamte Kirchenvorstand für eine Amtsdauer von vier Jahren neu gewählt wird. Im Wahljahr wird dabei die Zahl der zu wählenden Mitglieder bestimmt und die Wahl entsprechend dem KVVG-E und der Wahlordnung durchgeführt. Darüber hinaus fällt nun eine automatische Mitgliedschaft von Berechtigten aufgrund besonderer Rechtstitel weg.[340] In § 10 Abs. 1 KVVG-E wird dann zunächst klargestellt, dass das aktive Wahlrecht Kirchengemeindemitgliedern, die das 16. Lebensjahr vollendet, die seit mindestens sechs Monaten in der Pfarrei wohnen[341] und die nicht den Kirchenaustritt vor einer staatlichen Stelle erklärt haben, zukommt. Darüber hinaus schafft Abs. 3 nunmehr die Möglichkeit, Gläubige aus einer anderen Kirchengemeinde, solange sie zumindest in der Diözese oder in einer angrenzenden Diözese seit sechs Monaten ihren Wohnsitz haben, zur Wahl in einer anderen Kirchengemeinde zuzulassen, wobei das aktive Wahlrecht gem. § 10 Abs. 3 S. 2 KVVG-E nicht in mehreren Kirchengemeinden ausgeübt werden kann.[342] Die Formulierung „kann zugelassen werden"[343] ist an die-

340 S. ebd., 22 f. Darunter fallen insbesondere Patronatsberechtigte.

341 Darunter versteht der Gesetzgeber ausweislich der Gesetzesbegründung den Wohnsitz gem. § 7 BGB, wobei hier wiederum auf den Erstwohnsitz gem. § 21 Bundesmeldegesetz verwiesen wird – eine Präzision und Klarstellung im Vergleich zum KVVG, das in § 4 KVVG lediglich vom „Orte der Gemeinde" ausging, Gesetzesbegründung, 28.

342 S. ebd., 29.

343 § 10 Abs. 3 S. 1 KVVG-E: *„Abweichend von Absatz 1 kann auch zur Wahl zugelassen werden, wer seinen Erstwohnsitz nicht in der Kirchengemeinde hat und spä-*

ser Stelle etwas unpräzise formuliert, weil sie bis zu einem bestimmten Grad ein Ermessen zur Ablehnung der Zulassung der Wahl in einer anderen Gemeinde von einer weiter nicht bestimmten Stelle impliziert. Ein solches Ermessen ist jedoch nicht vorgesehen. Der Gesetzgeber intendiert zwar die Schaffung von Regelungen in der Wahlordnung, die die Zulassung zur Wahl in einer anderen Pfarrei konkretisieren sollen. Letztlich kommt es ihm jedoch nur darauf an, dass keine Mehrfachwahl ermöglicht wird, also ein Gläubiger aus dem Wahlverzeichnis der Pfarrei, in der er nicht wählen will, gelöscht und in das einer anderen Pfarrei eingetragen werden soll.[344]

Das passive Wahlrecht wird in § 11 Abs. 1 KVVG-E erweitert: Die Vorschrift greift den Ansatz aus § 10 KVVG-E, nicht mehr starr am Wohnort des einzelnen Gläubigen festzuhalten, sondern auf das tatsächliche gemeindliche Engagement abzustellen, auf. Auch wenn der Gesetzgeber das nur implizit darstellt, indem er in § 11 Abs. 2 KVVG-E klarstellt, dass es einem Gläubigen nicht möglich ist, in mehreren Kirchenvorständen gleichzeitig Mitglied zu sein, geht der Gesetzgeber nunmehr davon aus, dass auch der Wohnort auf dem Gebiet einer anderen Gemeinde eine passive Wählbarkeit nun nicht mehr ausschließt. In Abs. 3 führt der Gesetzgeber einen rein programmatischen, aber inhaltlich nicht bindenden Appell an Geschlechtergerechtigkeit bei der Wahl in den Kirchenvorstand ein, was zur Folge hat, dass Kirchengemeinden sich zwar um paritätisch besetzte Wahllisten bemühen sollen, ein Verstoß dagegen jedoch keine unmittelbaren Konsequenzen hinsichtlich der Gültigkeit der Wahl nach sich zieht. Abs. 4 führt die Ausschlussgründe von der passiven Wählbarkeit an – das sind im Wesentlichen Leitungspersonen der jeweiligen Pfarrei, Geistliche oder Stiftungsaufsichtsmitglieder.[345]

Aus der Perspektive der Pfarrei im Staatskirchenrecht ist auffällig, dass § 10 Abs. 2 KVVG-E für den Verlust des aktiven Wahlrechts auf eine gerichtliche Entscheidung abstellt und ausweislich der Gesetzesbegründung sowohl eine kirchliche als auch eine staatliche Gerichtsentscheidung in diesem Zusammenhang für möglich hält.[346] Weiterhin zeigt hier ein Vergleich mit der für Bayern dargestellten Regelung zum Verlust des passiven

testens sechs Monate vor dem Wahltag seinen Erstwohnsitz in der (Erz-)Diözese N.N. oder in einer der an die (Erz-)Diözese N.N. unmittelbar angrenzenden (Erz-)Diözesen begründet hat."

344 S. ebd. Daher wäre ggf. eine sprachliche Präzision angezeigt.

345 S. ebd., 29 f.

346 S. ebd., 28.

Wahlrechts,[347] dass auch der diözesane Gesetzgeber weniger harte Vorschriften, die das Wahlrecht von Gläubigen aufgrund von kirchlichen Sühnestrafen einschränken, vorsieht. Im KVVG-E kommt es ausschließlich auf die Kirchenmitgliedschaft bzw. den Kirchenaustritt, nicht jedoch auf ein mögliches Verharren im Sündezustand an.

Der KVVG-E löst die umstrittene Frage nach der Beschlussfassung bei Enthaltungen in der Neufassung in § 17 Abs. 2. Die Beschlussfassung wird nunmehr mit der einfachen Mehrheit der abgegebenen Stimmen erfolgen, sofern das Gesetz nichts anderes vorschreibt, wobei Enthaltungen als nicht abgegebene Stimmen zu werten sind und Stimmgleichheit zur Ablehnung des Beschlusses führt. Ein Entscheidungsrecht des Vorsitzenden entfällt damit. In § 19 KVVG-E wird darüber hinaus die Problematik der persönlichen Beteiligung angegangen, und zwar mit Hilfe eines Verweises auf das staatliche Recht: Der KVVG-E bedient sich nunmehr den Vorgaben zum Ausschluss wegen persönlicher Befangenheit aus den §§ 82–84 der Abgabenordnung, also aus dem Steuerrecht. Diese Vorschriften werden sinngemäß auf die jeweilige Konstellation im Kirchenvorstand angewendet.[348] Durch die Anwendung in ihrer jeweiligen geltenden Fassung und durch den Verweis auf die einschlägige Rechtsprechung kann § 19 KVVG als eine Norm, die eine partikularrechtliche dynamische Adaption bzw. Kanonisierung des staatlichen Rechts vornimmt, verstanden werden.[349]

Für das Außenverhältnis der einzelnen Pfarrei bzw. eines jeweiligen Pfarreivermögensstocks in Form einer Stiftung ist die durch das Innenrecht bestimmte Vertretungsfähigkeit und Vertretungsbefugnis von Relevanz. Diese Vertretung ist in § 21 KVVG-E geregelt. Im Vergleich zur Rechtslage in § 14 KVVG ist die Neuregelung ausführlicher: Die grundsätzliche Wirksamkeitsvoraussetzung für Willenserklärungen, die schriftliche Abgabe unter der Beidrückung des Amtssiegels, bleibt gleich: Jedoch muss sie nunmehr nur noch eine weitere Person neben dem Vorsitzenden gegenzeichnen, sodass hier ebenfalls eine gewisse Vereinfachung und Flexibilisierung eintritt. Die Norm regelt nunmehr weiterhin, wie Entscheidungen bei Gefahr im Verzug zu treffen sind, und stellt klar, dass Bevollmächti-

347 S. oben, D. IV. 2.

348 S. Gesetzesbegründung, 37. Hier wird explizit darauf verwiesen, dass über den § 15 AO, auf den § 82 Abs. 1 Nr. 2 AO verweist, nunmehr auch eine Beteiligung angehöriger Personen zu einer Befangenheit des Kirchenvorstandsmitglieds führen kann.

349 S. zur Kanonisation E. II. 1.

gungen, die erteilt werden, nur im Wege eines den Umfang der Vollmacht bestimmenden Kirchenvorstandsbeschlusses möglich sind.[350]

Die bereits dargestellte Problematik des verbotenen Insichgeschäfts gem. § 181 BGB geht jedoch auch der KVVG-E nicht an, insofern wird es bei der entsprechenden rechtlichen Unklarheit und der Lösung im Wege der Rechtsauslegung bleiben.

Weggefallen sind auch die Aufsichtsbefugnisse der staatlichen Behörden, die bereits im alten Recht als verfassungswidrig angesehen wurden. An dessen Stelle tritt in § 24 Abs. 1 S. 1 KVVG-E das Recht des Diözesanbischofs, umfassend in die Vermögensverwaltung Einsicht zu nehmen sowie rechtswidrige Beschlüsse zu beanstanden. Ausweislich der Gesetzesbegründung zu dieser Norm impliziert die bischöfliche Aufsicht jedoch lediglich eine Rechtsaufsicht, aus Zweckmäßigkeitserwägungen ist ein Eingriff in die Vermögensverwaltung auf Ebene der Kirchengemeinde nicht möglich.[351] Ergänzend wird in der Begründung klargestellt, dass gegen eine Bischöfliche Beanstandungsentscheidung hierarchischer Rekurs möglich ist. Damit zeigt sich zum einen, dass die Regelung in Nordrhein-Westfalen eine begrenztere Aufsicht als die in Bayern zulässt, wo der diözesanen Stiftungsaufsicht gem. Art. 42 Abs. 4 KiStiftO auch eine Fachaufsicht zukommt. Zum anderen wird deutlich, dass der Gesetzgeber eine Beanstandung durch die diözesane Aufsicht als innerkirchlichen Rechtsweg versteht, der auf dem kirchlichen und nicht auf dem staatlichen Rechtsweg angefochten muss. Das ist im Lichte der bisher dargelegten Grundsätze zum Verhältnis zwischen staatlichem und kirchlichem Recht bei innerkirchlicher Willensbildung[352] auch systematisch kohärent.

2. Flexibilisierung und Digitalisierung der Arbeitsweise des Kirchenvorstands

Darüber hinaus war es den Beteiligten am KVVG-E ein Anliegen, die Arbeit des Kirchenvorstands im Lichte der Digitalisierung und technischer Entwicklung zu erleichtern.[353] Neben den in § 15 Abs. 1 KVVG-E angeordneten zweimal im Jahr verpflichtenden Präsenzsitzungen der Kirchenverwaltung kennt das neue Recht nun ausweislich der Gesetzesbegrün-

350 S. Gesetzesbegründung, 40.

351 S. ebd., 41.

352 S. D. III. 2 sowie D. V. 1.

353 Vgl. *Baumann-Gretza/Hoischen*, Interview.

dung den Präsenzsitzungen gleichgestellte sog. besondere Sitzungs- und Beschlussformate, welche in § 18 KVVG-E geregelt werden. Damit ist nun die Durchführung von Sitzungen im Wege von Video- oder Telefonkonferenzen, auch in hybrider Form, möglich. Auch die Beschlussfassung im Umlauf- oder Sternverfahren, also entweder durch zeitlich aufeinanderfolgende oder gleichzeitige Rückmeldung zu einem Beschluss ist nun explizit möglich. Damit wird die in Bayern gem. Art. 19 Abs. 3 KiStiftO bereits mögliche Beschlussfassung außerhalb der ordentlichen Verwaltungssitzung *in absentia* auch in Nordrhein-Westfalen ermöglicht. Lediglich für Wahlen ordnet § 18 Abs. 2 S. 2 KVVG-E das Verbot des Stern- oder Umlaufverfahrens an, wobei sich daraus im Umkehrschluss ergibt, dass Wahlen per Videokonferenz stattfinden können, sofern (das ist dann letztendlich eine pragmatische Frage) die Möglichkeit besteht, bei entsprechendem Antrag gem. § 17 Abs. 3 KVVG-E auch geheim abstimmen zu können. Gem. § 19 Abs. 2 KVVG-E ist jedoch auch in den besonderen Sitzungsformaten den Mitgliedern vor der Sitzung eine Beschlussvorlage zu übermitteln, darüber hinaus muss den Mitgliedern im Umlaufverfahren eine Frist zur Rückmeldung zu setzen. Das Gesetz macht jedoch zur Dauer der Frist keine Angaben und auch die Gesetzesbegründung äußert sich dazu nicht, daher ist davon auszugehen, dass die Frist nach den konkreten Umständen des Einzelfalls und der Verwaltungspraxis bestimmt werden kann und dafür angemessen sein muss. Intuitiv dürfte eine Frist von einer Woche angemessen sein, um sowohl den Mitgliedern der Kirchenverwaltung genügend Zeit zur Äußerung zu geben als auch eine zügige Beschlussfassung zu ermöglichen.[354]

Zur Sicherung und zu Beweiszwecken sah das KVVG in § 13 Abs. 4 bisher die Führung eines Sitzungsbuches vor, in welches die Beschlüsse des Kirchenvorstands einzutragen waren. Dabei war insbesondere herauszuheben, dass die Beschlüsse des Kirchenvorstands auf mit dem KVVG konforme Art und Weise zustande gekommen waren und ob die Beschlussfähigkeit gewahrt war. Dabei musste jedoch kein umfassendes Verlaufsprotokoll der Sitzung erstellt werden; es reichte, wenn die Beschlüsse adäquat protokolliert wurden.[355] In diesem Zusammenhang soll

354 Die Frist von einer Woche ist bspw. auch im staatlichen Recht teilweise vorgesehen, vgl. § 51 GmbHG, worauf auch Gerichte bei Entscheidungen zu Umlaufverfahren während der COVID-19–Pandemie rekurrierten, s. LG Hamburg, BeckRS 2021, 10545.

355 S. *Honkamp*, Kirchenvorstand, 33.

nun auch die Handhabung des Sitzungsbuchs und der Siegelführung bzw. der Siegelung von Beschlüssen nach dem KVVG-E stärker mit digitalen Mitteln möglich sein: § 20 Abs. 2 und 3 KVVG-E unterscheiden nunmehr zwischen einem elektronisch und einem nicht elektronisch geführten Protokoll, wobei auch bei elektronischer Protokollführung ein Ausdruck und eine Unterschrift und Siegelbeidrückung nur dann unterbleiben können, wenn eine revisionssichere elektronische Speicherung sichergestellt ist. Was unter einer revisionssicheren Ablage des elektronischen Protokolls zu verstehen ist, bleibt jedoch sowohl im Wortlaut der Norm als auch in der Begründung offen.[356] § 20 Abs. 5 KVVG-E schafft eine durch Diözesangesetz auszugestaltende Rechtsgrundlage für eine digitale Siegelführung.[357]

3. Rezeption

Die vorgenommenen Änderungen[358] werden in der Literatur bisher nur knapp rezipiert, wobei die bisher bestehenden Bewertungen des KVVG-E zu unterschiedlichen Ergebnissen gelangten: Einerseits wurde die Neufassung des KVVG gerade von den am Erarbeitungsprozess Beteiligten als notwendige Modernisierung hervorgehoben: Neben der Umwandlung eines faktisch existierenden kirchlichen Gesetzes als tatsächlich formell vom kirchlichen Gesetzgeber erlassenes kirchliches Recht gehört die Flexibilisierung der Arbeit des Kirchenvorstands zu einem Fokus der Beratungen und der Änderungen.[359] Die Übertragung des KVVG in ein kirchliches Gesetz löst an dieser Stelle jedenfalls die Unklarheit, die mit der Rechtsnatur des KVVG und der Zuständigkeit staatlicher Gerichte verbunden war. Insofern gilt unter dem neuen KVVG-E als kirchlichem Gesetz nun die für Bayern dargestellte Rechtslage[360] auch in Nordrhein-Westfalen.

356 S. Gesetzesbegründung, 38, wobei hier davon auszugehen ist, dass eine implizite Adaption der Vorschriften in ihrer jeweils geltenden Fassung aus der AO (§§ 146, 147, 200), dem HGB (§§ 239 Abs. 4, 257) und den Grundsätzen zur ordnungsmäßigen Führung und Aufbewahrung von Büchern, Aufzeichnungen und Unterlagen in elektronischer Form sowie zum Datenzugriff vorzunehmen ist.

357 S. Gesetzesbegründung, 39. Weiterhin bleibt jedoch der Grundsatz, dass lediglich Beschlüsse in der Sitzung zu protokollieren sind, erhalten.

358 Neben den dargestellten Adaptionen gab es freilich noch weitere Änderungen, Präzisierungen und Überarbeitungen der Vermögensverwaltung im Vergleich zum KVVG, die weiterer Analyse und Diskussion bedürfen.

359 Vgl. *Baumann-Gretza/Hoischen*, Interview.

360 S. oben D. III. 2 und D. V.5.

Kritik wurde jedoch dahingehend geäußert, dass die entsprechenden Reformen nicht ‚weit genug' gingen, und zwar zunächst aus einer Perspektive, die die Notwendigkeit von Laienpartizipation in zwei verschiedenen statt einem gemeinsamen Gremium aus Erwägungen der Pastoral und der Zukunftsfähigkeit pfarrlicher Strukturen grundsätzlich infrage stellt.[361] Diese Kritik ist nachvollziehbar. Allerdings ist sie aufgrund der Tatsache, dass sich der Gesetzgeber bewusst dafür entschieden hat, das bestehende System des Kirchenvorstands weiterzuführen und keinen kompletten Bruch zu vollziehen, auf einer anderen Ebene als der genuin kanonistischen zu verorten.

Darüber hinaus wurden jedoch auch Kritikpunkte innerhalb der bestehenden ‚Systementscheidung' geäußert. Einerseits kann hier auf die in der Diskussion kritisch angefragte Rolle des Geistlichen mit pfarrlichen Befugnissen im Fall des C. 517 § 2 CIC im KVVG-E auch vor dem eigentlich bestehenden Flexibilisierungsdesiderat hingewiesen werden:[362] Dieser Kritik ist inhaltlich zuzustimmen. Es hilft der Flexibilisierung der Arbeit des Kirchenvorstands nicht bzw. nur sehr eingeschränkt weiter, wenn der Gesetzgeber die umfassende Vertretungs- und Verantwortungsmacht des Kirchenvorstandsvorsitzes zwingend in die Hände eines mit pfarrlichen Vollmachten beauftragten Geistlichen legt. In der Praxis dürfte sich diese Problematik jedoch lediglich in abgeschwächter Form stellen, da § 6 Abs. 3 KVVG-E dem Vorsitzenden des Kirchenvorstands die Möglichkeit einräumt, einen geschäftsführenden Vorsitzenden aus seinen Stellvertretern dem Kirchenvorstand vorzuschlagen, um ihn dauerhaft bei der Erfüllung der Verwaltungsaufgaben zu entlasten.[363] Auch wenn der geschäftsführende Vorsitzende die Aufgaben des Kirchenvorstandsvorsitzenden nur *de facto*, nicht aber *de jure* ausübt und eine Pflicht zur Beratung, Abstimmung und Information gegenüber dem Pfarrer als Vorsitzendem besteht und der Pfarrer bei eigener Anwesenheit, selbst wenn ein geschäftsführender Vorsitzender bestellt ist, die Rolle des Sitzungsvorsitzenden übernimmt,[364] ist die Einführung des bisher nur in diözesanen Geschäftsanweisungen geregelten geschäftsführenden Vorsitzenden eine sinnvolle Lösung.[365]

361 S. *Schüller*, Verpasste Chance, 38–40.

362 *S.* ebd., 39.

363 S. Gesetzesbegründung, 24.

364 S. ebd., 23 f.

365 Auch wenn *Schüller*, Verpasste Chance, 39 davon ausgeht, dass der Vorsitz des Kirchenvorstands bei Pfarreien gem. C. 517 § 2 CIC nicht zwingend bei einem

Auch die dargestellte Altersgrenze von 75 Jahren für die Übernahme eines Wahlamtes in einem Kirchenvorstand begegnet Bedenken: Diese Altersgrenze ist im kanonischen Recht zwar auch vorgesehen, und zwar als Alter, in dem Bischöfe gem. C. 401 § 1 CIC dazu angehalten sind, dem Papst den Rücktritt anzubieten. Für die passive Wählbarkeit zu einem ehrenamtlich ausgeübten, mit weit weniger Verantwortung verbundenen Wahlamt eine solche Altersgrenze einzuführen, ist jedoch in Ermangelung eines dezidierten Grunds für diese Altersbeschränkung, zu welchem sich auch die Gesetzesbegründung nicht äußert, nicht sachgerecht.[366] Auch die Gesetzesbegründung nennt keinen inhaltlichen Grund dafür, weswegen das Höchstalter für das passive Wahlrecht in den Kirchenvorstand auf 75 Jahre am Wahltag festgesetzt wurde.[367]

Überdies wird das KVVG jedoch nicht das einzige zu ändernde Gesetz sein: Auch eine Änderung der Vereinbarung über die Strukturveränderungen (vgl. oben) ist zu erwarten: Hier geht auch die Gesetzesbegründung davon aus, dass die Mitwirkungs- und Zustimmungspflichten sich in Zukunft auch auf Gemeindeverbände erstrecken werden müssen.[368] Der KVVG-E greift dem in gewisser Weise inhaltlich voraus, indem er in den §§ 26–31 KVVG-E nunmehr eine Aktualisierung der Vorschriften zu den Gemeindeverbänden vornimmt. Hier wird nunmehr insbesondere klargestellt, dass das Initiativrecht für die Bildung von Gemeindeverbänden nicht mehr nur von den Gemeinden mit bischöflicher Zustimmung, sondern direkt von der diözesanen Ebene ausgehen kann, wobei diözesane und gemeindliche Initiativen nicht mit der Möglichkeit, beide gegeneinander auszuspielen, verbunden sind.[369]

Kleriker liegen muss, dürften die praktischen Auswirkungen der Problematik damit begrenzt sein. Im Übrigen ist der KVVG-E mit seinem Regelungsentwurf auch nicht alleine, da auch Art. 10 Abs. 1 und 3 KiStiftO in Bayern immer von einem Pfarrer bzw. einem diesen vertretenden Priester als Vorsitzendem des kirchlichen Vermögensverwaltungsorgans ausgehen.

366 Vgl. ebd., 38.

367 S. Gesetzesbegründung, 29.

368 S. ebd. 19.

369 S. ebd., 42 – das Initiativrecht der Gemeinden aus § 26 und das der Diözesanebene aus § 27 sollen in einem gegenseitigen Ausschlussverhältnis zueinanderstehen.

IV. Fazit

Die Pfarrei wird im preußischen Staatskirchenrecht neben den verfassungs- und konkordatsrechtlichen Vorgaben, die denen Bayerns und denen des Grundgesetzes ähneln und inhaltlich im Wesentlichen identisch sind, insbesondere durch das KVVG determiniert. Umstritten war bisher, ob die Gesamtkonstruktion der Verwaltung des Kirchenvermögens auf Basis eines staatlichen Vermögensverwaltungsgesetzes gegen das kirchliche Selbstbestimmungsrecht verstieß. Im KVVG existieren Normen, die heute keine Wirkung mehr entfalten, weil sie verfassungswidrig sind. Die übrigen Normen gelten als *leges canonizatae* als adaptiertes kirchliches Recht im Rahmen des originären kirchlichen Selbstbestimmungsrechts fort. Infolge der Kanonisierung des KVVG und der Nichtbeachtung der staatlichen Eingriffsrechte liegt insofern auch keine Verletzung des Selbstbestimmungsrechts nordrhein-westfälischer Kirchengemeinden gem. Art. 140 GG i. v. M. Art. 137 Abs. 3 S. 1 WRV vor. [370] Im KVVG selbst waren viele Normen unklar formuliert und ließen Raum für Interpretationen. Gerade im Vergleich zu den Regelungen in Bayern ist die KiStiftO an vielen Stellen ausführlicher, detaillierter und konkreter.[371] Das Vermögensverwaltungsrecht in Nordrhein-Westfalen ist weniger von den juristischen Personen der Stiftungen geprägt, als dies in Bayern der Fall ist, vielmehr tritt die Kirchengemeinde, die durch den Kirchenvorstand verwaltet wird, schwerpunktmäßig als Rechtssubjekt auf. Vor diesem Hintergrund besteht sowohl aus verfassungsrechtlichen Erwägungen als auch aus Gründen der Praktikabilität das Desiderat einer Neuregelung pfarrlicher Vermögensverwaltung in Form eines kirchlichen Gesetzes.[372]

Die Neuregelungen im neuen kirchlichen KVVG-E enthalten an verschiedenen Stellen Klarstellungen und Präzisierungen von Rechtsfragen aus dem alten KVVG. Diese beschränken im Vergleich zum bisher gültigen KVVG durchaus auch mit dem Klerikerstatus verbundene Rechte des Pfarrers als Vorsitzender: Exemplarisch kann hier nur das wegfallende Entscheidungsrecht des Vorsitzenden (der regelmäßig der Pfarrer ist) bei Stimmgleichheit angeführt werden.[373] Der Auffassung von *Schüller*, der da-

370 Vgl. E. II. 1.

371 Vgl. nur unter E. II. 3.

372 Zu den bisherigen Problemen vgl. E. II. 2.

373 S. E. III. 1.

von spricht, dass „demotivierende, klerikerzentrierte Vorgaben“[374] erhalten bleiben, dies jedoch lediglich mit der Pflicht, dass ein Pfarrer den Vorsitz des Kirchenvorstands bei Pfarreien, die gem. C. 517 § 2 CIC geleitet werden, innehaben muss, begründet, kann insgesamt nur eingeschränkt gefolgt werden. Man kann mit *Schüller* sicherlich die grundsätzliche Aufteilung von Vermögensverwaltung und pastoraler Begleitung in verschiedene Gremien für nicht zukunftsfähig erachten und für entsprechende Alternativen zur Kompetenzbündelung plädieren.[375] Im existierenden dualen Modell mit zwei verschiedenen Gremien ermöglichen die Regelungen im KVVG-E jedoch Flexibilität und nehmen an einigen Stellen Befugnisse des Pfarrers als Vorsitzender sogar zurück. Damit vollzieht das zu erwartende neue KVVG in seinem vorliegenden KVVG-E auch keinen Systembruch, sondern es kann als eine der kirchlichen Situation adäquate Erneuerung verstanden werden. An einigen Stellen bedient sich der Gesetzgeber im Wege dynamischer Kanonisation dafür bekannter und bewährter Rechtsfiguren aus dem staatlichen Recht.[376]

374 *Schüller*, Verpasste Chance, 39, wobei aus dem Gesamtkontext zwar vielleicht eine Klerikerzentriertheit verbleibt, eine umfassende Demotivierung jedoch nicht zu erkennen ist.

375 S. ebd., 40.

376 S. E. III. 2 z.B. zur Übertragung von Grundsätzen aus der Abgabenordnung.

F. Ergebnisse und Abschluss

In der vorliegenden Arbeit wurde die Pfarrei in ihrer Rolle als Kirchengemeinde und staatlicher Körperschaft des Öffentlichen Rechts aus der Sicht des Bundes(verfassungs)rechts, Landes(verfassungs)rechts, Konkordatsrechts und kirchlichen Eigenrechts auf Grundlage staatlicher Anordnung beleuchtet, und zwar für die Diözesen in Bayern und in Nordrhein-Westfalen.

Es ließ sich feststellen, dass die Pfarrei in ihrer Rolle als juristische Person durch das Religionsverfassungsrecht in seiner das kirchliche Selbstbestimmungsrecht und die Organisationsfreiheit garantierenden Ausprägung wesentlich determiniert wird. Dazu kommt der Einfluss des Status als Körperschaft des Öffentlichen Rechts, der die Pfarreien bzw. Kirchengemeinden aus dem Kreis der juristischen Personen heraushebt und mit besonderen Rechten und Pflichten ausstattet.[377] Die Rolle ist historisch von der religionsverfassungsrechtlichen Entwicklung in Deutschland und der Praxis staatlicher und kirchlicher Vermögensverwaltung mitbestimmt, was sich gerade auf dem Gebiet des Stiftungsrechts niederschlägt.[378]

Insgesamt ist der Status der Pfarrei als Körperschaft des Öffentlichen Rechts als im staatskirchenrechtlichen System Deutschlands aus einer pragmatischen Sicht systematisch kohärent und sinnvoll zu bewerten. Die Organisationsform der Körperschaft des Öffentlichen Rechts ermöglicht mit ihren Befugnissen und Ausnahmen für kirchliche Rechtsträger gegenüber anderen juristischen Personen, die immer im Lichte des Selbstbestimmungsrechts und der Religionsfreiheit kontextualisierbar sind, den Vollzug der religiösen Aufgaben der Pfarreien.[379] Die bisherige Rechtsprechung hat auch gezeigt, dass eine vollständige Unterordnung der Religionsgemeinschaften unter das Vereinswesen, was eine Alternative zum jetzigen *status quo* und in diesem Zusammenhang auch durch die Verfassung ge-

377 Dazu genauer unter C. I. und C. III. 1.

378 S. zur Bedeutung des Stiftungsrechts insbesondere in Bayern unter D. III.1. sowie D. IV.

379 Das impliziert eben auch die unter C. III. 3, D. V. und E. II. 2 dargestellten Bindungen an staatliches Recht.

deckt wäre, keine sachgerechteren Lösungen zur Sicherung der religiösen Betätigung der Religionsgemeinschaften schaffen könnte.[380] Auch das Vorhandensein vieler verschiedener Stiftungen rechtfertigt den gewissen Sonderstatus kirchlicher Stiftungen im deutschen Recht, wobei hier ebenfalls Überschneidungen von staatlichem und kirchlichem Recht feststellbar waren.[381]

Davon unabhängig zu beantworten ist die Frage nach der (rechts)politischen Bedeutung und Auswirkung des Körperschaftsstatus und des Gesamtverhältnisses von Kirche und Staat in Deutschland.[382] Die Frage, ob es zur Verwirklichung des kirchlichen Lebens notwendig ist, dass Kirchen als Körperschaft des Öffentlichen Rechts einen gewissen hoheitlichen Anstrich besitzen und die Diskussion, ob die Gewährung von Selbstbestimmungsrecht, Religionsfreiheit, Besteuerungsmöglichkeit und Mitgliedschaft kraft Taufe nicht auch in einer anderen Rechtsform erfolgen kann, ist weniger rechtsdogmatischer als vielmehr politischer Natur. Dazu zählt auch die Frage, ob es sinnvoll und notwendig ist, mit dem Körperschaftsstatus eine moralische Implikation der Sozialwirksamkeit, Gemeinwohlorientierung oder gesellschaftlichen Bedeutung zu assoziieren.[383]

Einerseits gehen mit dem Körperschaft-des-Öffentlichen-Rechts-Status nämlich, wie insbesondere zur Anwendung des Amtshaftungsrechts gezeigt werden konnte, nicht nur Rechte und Privilegien, sondern auch gesteigerte Verantwortungspflichten einher. Andererseits sind die Garantien der deutschen Verfassungsordnung an die Kirchengemeinden als Körperschaft des Öffentlichen Rechts letztlich bereits verfassungsrechtlich insofern abgesichert, als dass diese im Grundsatz auch unabhängig von der Rechtsform der Kirchengemeinde als Körperschaft des Öffentlichen Rechts existieren können. Insofern sind die Fragen, inwiefern grundrechtsdogmatische, pluralistische und weltanschauliche Leitentscheidungen des deutschen Verfassungsstaats in einer pluralen Gesellschaft existieren können, auch nicht ausschließlich am Körperschaftsstatus festmachbar.[384] Somit ist auch die Frage, ob sich der Körperschaft-des-Öffentlichen-Rechts-Status der Kirchengemeinden aus der Verfassung selbst originär ergibt oder lediglich

380 S. dazu nur BVerfG, BVerfGE 83, 341.

381 Exemplarisch dazu für Bayern D. IV. 4.

382 S. *Schüller*, Katholische Kirche als Körperschaft, 114–125.

383 So wird die Privilegierung der Kirchen mit dem Körperschaftsstatus zumindest teilweise gerechtfertigt, so *Schüller*, Katholische Kirche als Körperschaft, 121 f.

384 Vgl. dazu auch das Fazit von *Heinig*, (Kein) Kulturkampf reloaded, 113.

derivativ und einfach-rechtlich geschützt ist und mithin dem Gesetzgeber zur Disposition steht,[385] letztlich mehr für die Frage, wie das Staat-Kirche-Verhältnis in Deutschland ausgestaltet sein sollte, als weniger für die Praxis des *status quo* von Relevanz.

Vor diesem Hintergrund wurden die staatskirchenrechtlichen Implikationen der Pfarrei als Körperschaft des Öffentlichen Rechts auf den verschiedenen Ebenen der Normenhierarchie vorgestellt, wonach auf allen – horizontalen wie vertikalen – unterschiedlichen Ebenen Besonderheiten bestehen. Im Ergebnis sind gerade die Unterschiede zwischen Bayern und Nordrhein-Westfalen jedoch weniger kategorischer als vielmehr gradueller Natur, die sich eher bei der praktischen Anwendung des Vermögensverwaltungsrechts[386] als in grundsätzlichen dogmatischen Fragen auswirken.

Freilich konnten nicht alle Aspekte, die die Pfarrei im Staatskirchenrecht determinieren, umfassend beleuchtet werden. Der Schwerpunkt lag auf der Organisation- und Vermögensverwaltung, weil gerade hier eine paradigmatische Darstellung des Staat-Kirche-Verhältnisses auf Pfarreiebene in Deutschland möglich ist. Einzelne Materien des deutschen Staatskirchenrechts, die die Kirche als Ganzes und mittelbar auch die Pfarreien betreffen, (das staatliche Baulastrecht, kirchliches Datenschutzrecht, kirchliches Arbeitsrecht) wurden daher außen vor gelassen.

385 So z.B. *Janssen*, Was bin ich – und wenn ja, wie viele, 58.

386 Zu den unterschiedlichen Ausgestaltungen der Verwaltungsorgane vgl. exemplarisch D. 4, E. II. 3. und neu in Nordrhein-Westfalen E. III.

Verzeichnis verwendeter Primär- und Sekundärquellen

In der Arbeit wurden die folgenden Primär- und Sekundärquellen verwendet:[387]

1. Primärquellen

1.1. Universalrecht und Papstdokumente

Codex Iuris Canonici, Pii X Pontificis Maximi iussu digestus Benedicti Papae XV auctoritate promulgatus, in: AAS 9 (1917), Pars II [CIC/1917].

Zweites Vatikanisches Konzil: Kostitution „Sacrosanctum Concilium", AAS 56 (1964), S. 97, sowie in der lateinisch-deutschen Fassung: Denzinger, Heinrich/Hünermann, Peter/Hoping, Helmut (Hg.), Kompendium der Glaubensbekenntnisse und kirchlichen Lehrentscheidungen. Enchiridion symbolorum definitionum et declarationum de rebus fidei et morum, Freiburg i.Br. [45]2017, 4001–4048.

Codex Iuris Canonici. Auctoritate Ioannis Pauli PP. II promulgatus (1983), in: AAS 75 (1983), Pars II, sowie in der lateinisch-deutschen Fassung: Codex des kanonischen Rechts. Lateinisch-deutsche Ausgabe mit Sachverzeichnis, hrsg. i.A. der Deutschen Bischofskonferenz, der österreichischen Bischofskonferenz, der schweizer Bischofskonferenz, der Erzbischöfe von Luxemburg und von Straßburg sowie der Bischöfe von Bozen-Brixen, von Lüttich und von Metz, Kevelaer [10]2021 [CIC/1983].

1.2. Partikularrecht

Rahmenordnung für Pfarrverbände im Bistum Würzburg vom 16. Januar 1974, in: WDBl. 120 (1974) Nr. 6, S. 76–79.

Partikularnorm Nr. 19 der Deutschen Bischofskonferenz zu cc. 1292 § 1, 1295 und 1297 CIC, s. bspw. WDBl. 148 (2002) S. 217–220.

387 Die für die Arbeit durchweg verwendeten Kurztitel der Sekundärliteratur sind in eckigen Klammern angegeben. Gerichtsentscheidungen werden im Fließtext unter Angabe von Gericht, Publikationsort und konkreter Fundstelle kenntlich gemacht.

Statut für die Pfarreiengemeinschaften als Seelsorgeeinheiten in der Diözese Augsburg vom 17.5.2004, Geltung ab 1.6.2004, Abl. Augsburg S. 331–341.

Ordnung über die Erhebung von Kirchensteuern in den bayerischen (Erz-)Diözesen (DKirchStO) in der Fassung der Neubekanntmachung v. 4. März 2015, Abl. Augsburg S. 125–141, Abl. Bamberg, S. 113 – 128, Pastoralblatt Eichstätt S. 92–104, Abl. München und Freising S. 125–136, Abl. Regensburg S. 45–50, Abl. Passau S. 42–47, WDBl. S. 189–202.

Ordnung für kirchliche Stiftungen in den bayer. (Erz-)Diözesen, in der Fassung vom 1. Januar 2018; Abl. Augsburg S. 208– 238, Abl. Bamberg S. 454 –489, Pastoralblatt Eichstätt S. 87–116, Abl. München und Freising S. 307–340, Abl. Regensburg S. 55–79, Abl. Passau S. 174–210, WDBl. S. 159–193.

Satzung für die gemeindlichen kirchlichen Steuerverbände in den bayerischen (Erz-)Diözesen (GStVS) in der Fassung vom 1. Januar 2018, Abl. Augsburg S. 239–251, Abl. Bamberg, S. 490–503, Pastoralblatt Eichstätt S. 117–128, Abl. München und Freising S. 341–354, Abl. Regensburg S. 80–89, Abl. Passau S. 211–233, WDBl. S. 194–207.

Kirchliches Vermögensverwaltungsgesetz für die (Erz-)Diözese N.N. mit Gesetzesbegründung, Entwurf vom 2.3.2022, abgerufen unter https://wir-erzbistum-paderborn.de/wp-content/uploads/sites/4/2022/04/Entwurf-Kirchliches-Vermoegensverwaltungsgesetz-mit-Gesetzesbegruendung-2.pdf (25.06.2024).

Finalisierter Entwurf für ein Kirchliches Vermögensverwaltungsgesetz für die (Erz-)Diözese N.N. vom … (KVVG-E) mit Gesetzesbegründung, Stand: 22.02.2023, abgerufen unter https://wir-erzbistum-paderborn.de/wp-content/uploads/sites/4/2023/03/Entwurf-KVVG-Begruendung-2023–02–22_Titel.pdf (25.06.2024)

1.3. Vereinbarungen zwischen Staat und Kirche in Deutschland

Vertrag des Freistaates Preußen mit dem Heiligen Stuhl nebst Schlußprotokoll vom 14. Juni 1929, AAS 21 (1929), S. 521–543 sowie Preußische Gesetzessammlung, S. 151–558.

Konkordat zwischen dem Heiligen Stuhl und dem Deutschen Reich vom 30. Juli 1933, AAS 25 (1933), S. 389–414, sowie RGBl. II S. 679–690.

Vereinbarung über die staatliche Mitwirkung bei der Bildung und Veränderung katholischer Kirchengemeinden zwischen dem Land Nordrhein-Westfalen und den Diözesen im Land Nordrhein-Westfalen vom 08.10.1960, z. B. Kirchlicher Anzeiger für die Erzdiözese Köln 101 (1961) S. 109–111 sowie GV NW. 1960, S. 426–428.

Konkordat zwischen seiner Heiligkeit Papst Pius XI. und dem Staate Bayern vom 29. März 1924, AAS 17 (1925), S. 41–56 sowie BayRS 01–5–1–K/WK, zuletzt geändert durch Zusatzprotokoll vom 19.1.2007, AAS 99 (2007) S. 595 sowie GVBl. S. 351, 449.

1.4. Deutsches Bundes- und Landesrecht (Verfassungen, Gesetze und Ordnungen)

Allgemeines Landrecht für die Preußischen Staaten von 1794, abgedruckt bei Koch, Christian Friedrich (Hg.), Allgemeines Landrecht für die Preußischen Staaten: unter Weglassung der obsoleten oder aufgehobenen Vorschriften und Einschaltung der jüngeren noch geltenden Bestimmungen, 8. Aufl. 4. Band, Berlin 1853–1871 [Koch, Allgemeines Landrecht].

Weimarer Reichsverfassung, 11. August 1919 (RGBl. I, S. 1383–1418).

Verfassung für das Land Nordrhein-Westfalen, 28. Juni 1950 (GV. NW. S. 127–133), zuletzt geändert durch Gesetz vom 30. Juni 2020 (GV. NRW. S. 644).

Gesetz zur Bereinigung des in Nordrhein-Westfalen geltenden preußischen Rechts, vom 7. November 1961 (GV. NRW. S. 325–329), zuletzt geändert durch Gesetz vom 19. Dezember 2013 (GV. NRW. S. 874).

Gesetz über die Verwaltung des katholischen Kirchenvermögens, 24. Juli 1924 (Preuß. GS. S. 585–591), zuletzt geändert durch Gesetz vom 17. Juni 2003 (GV. NRW. S. 313–19).

Verfassung des Freistaates Bayern, 15. Dezember 1998 (GVBl. S. 991–1010), zuletzt geändert durch Gesetze vom 11. November 2013 (GVBl. S. 638–642).

Grundsätze zur ordnungsmäßigen Führung und Aufbewahrung von Büchern, Aufzeichnungen und Unterlagen in elektronischer Form sowie zum Datenzugriff, 28. November 2019, Schreiben an die Oberfinanzbehörden der Länder, IV A 4 – S 0316/19/10003.

Landesorganisationsgesetz, 10. Juli 1962 (GV. NRW. S. 421–425), zuletzt geändert durch Artikel 1 des Gesetzes vom 17. Dezember 2020 (GV. NRW. S. 1238).

Kirchensteuergesetz, 21. November 1994 (GVBl. S. 1026–1030), zuletzt geändert durch § 1 des Gesetzes vom 9. November 2021 (GVBl. S. 606–607).

Grunderwerbsteuergesetz, 26. Februar 1997 (BGBl. I S. 418–425), zuletzt geändert durch Artikel 11 des Gesetzes vom 25. Juni 2021 (BGBl. I S. 2056–2064).

Grundgesetz für die Bundesrepublik Deutschland, 23.05.1949 (BGBl. III, 100–1), zuletzt geändert durch Artikel 1 des Gesetzes vom 28. Juni 2022 (BGBl. I S. 968).

Abgabenordnung, 1. Oktober 2002 (BGBl. I S. 3866 – 3952), zuletzt geändert durch Artikel 4 des Gesetzes vom 20. Dezember 2022 (BGBl. I S. 2730–2751).

Bundesmeldegesetz, 3. Mai 2013 (BGBl. I S. 1084–1103), zuletzt geändert durch Artikel 22 des Gesetzes vom 19. Dezember 2022 (BGBl. I S. 2606–2631).

Bürgerliches Gesetzbuch, 2. Januar 2002 (BGBl. I S. 42–341, 2909), zuletzt geändert durch Artikel 1 des Gesetzes vom 14. März 2023 (BGBl. I Nr. 72).

Bayerisches Stiftungsgesetz, 26. September 2008 (GVBl. S. 834–839), zuletzt geändert durch Gesetz vom 24. Juli 2023 (GVBl. S. 449–453).

Verwaltungsgerichtsordnung, 19. März 1991 (BGBl. I S. 686–711), zuletzt geändert durch Artikel 1 des Gesetzes vom 14. März 2023 (BGBl. I Nr. 71).

Gemeindeordnung, 22. August 1998 (GVBl. S. 796 – 826), zuletzt geändert durch die §§ 2, 3 des Gesetzes vom 24. Juli 2023 (GVBl. S. 385–428, 586).

Gesetz betreffend die Gesellschaften mit beschränkter Haftung, bereinigte Fassung, (BGBl. III, 4123–1), zuletzt geändert durch Artikel 9 des Gesetzes vom 22. Februar 2023 (BGBl. I Nr. 51).

Handelsgesetzbuch, bereinigte Fassung, (BGBl. III, Nr. 4100–1), zuletzt geändert durch Artikel 1 des Gesetzes vom 19. Juni 2023 (BGBl. I Nr. 154).

1.5. Entscheidungen deutscher Gerichte

Reichsgericht, Urteil vom 26.10.1921 – Rep. VII. B 1/21, RGZ 103, S. 91–95.

BGH, Urteil vom 17.12.1956 – III ZR 89/55, NJW 1957, S. 542–543.

BVerfG, Urteil vom 26.3.1957 – 2 BvG 1/55, BVerfGE 6, S. 309–366.

BGH, Urteil vom 30.01.1961 – III ZR 227/59 – BeckRS 1961, 30384015.

OLG Zweibrücken, Urteil vom 10.03.1966 – 2 U 150/65, MDR 1966, S. 672–675.

BVerfG, Beschluss vom 02.05.1967 – 1 BvR 578/63, BVerfGE 21, S. 362–378.

VG Aachen, Urteil vom 18.01.1972 – 2 K 160/71, NJW 1972, S. 787–788.

Bayerisches Oberstes Landesgericht, Beschluss vom 30.11.1973 – BReg. 2 Z 46/73, BayObIGZ 1973, S. 328–331.

OLG Hamm, Urteil vom 30.05.1974 – 15 Wx 74/74, RPfleger 74, S. 310–312.

OVG Münster, Urteil vom 23.08.1977 – VIII A 1813/75, DVBl. 1978, S. 921–923.

BVerwG, Urteil vom 7.10.1983 – 7 C 44.81, BVerwGE 68, S. 62–69.

BVerwG, Beschluss vom 10.07.1986 – 7 B 27/86, NVwZ 1987, S. 677.

BGH, Urteil vom 04.04.1989 – VI ZR 269/87, NJW-RR 1989, S. 921 – 922.

BVerfG, Beschluss des Zweiten Senats vom 5.02.1991, 2 BvR 263/86 – BVerfGE 83, S. 341–362.

OLG Hamm, Urteil vom 07.10.1993 – 2 U 82/93, NVwZ 1994, S. 205–206.

BVerwG, Beschluss vom 28.01.1994 – 7 B 198/93, NJW 1994, S. 956.

BVerwG, Urteil vom 26.06.1997 – 7 C 11/96 (Berlin), BVerwGE 105, S. 117–125.

BVerfG (1. Kammer des Zweiten Senats), Beschluss vom 18.09.1998 – 2 BvR 1476–94, NJW 1999, S. 349–350.

BGH, Urteil vom 11.02.2000 – V ZR 271/99, NJW 2000, S. 1555–1557.

BGH, Beschluss vom 24.07.2001 – VI ZB 12/01, NJW 2001, 3537–3539.

BGH, Urteil vom 20.02.2003 – III ZR 224/01, NJW 2003, S. 1308–1313.

VG Regensburg, Beschluss vom 7.01.2011 – RO 3 E 10.1637, BeckRS 2012, 51690.

VG Neustadt a.d. Weinstraße, Urteil vom 24.02.2011 – 4 K 1213/10.NW, BeckRS 2011, 49692.

VG Minden (2. Kammer), Beschluss vom 27.09.2013 – 2 L 595/13, BeckRS 2013, 57578.

BVerfG, Beschluss vom 14.01.2020 – 2 BvR 1333/17, NJW 2020, S. 1049–1062.

FG Münster (8. Senat), Urteil vom 17.06.2021 – 8 K 364/21 GrE, DStRE 2022, S. 745–750.

LG Hamburg (12. Kammer für Handelssachen) – Urteil vom 26.02.2021 – 412 HKO 86/20, BeckRS 2021, 10545.

LG Köln, Urteil vom 13.06.2023 – 5 O 197/22, NJW 2023, S. 2496–2501.

BFH, Urteil vom 10.05.2023 – II R 24/21, DStRE 2023, S. 1190–1197.

2. Sekundärliteratur

Achilles, Wilhelm Albrecht, Kirchliche Stiftungen, in: Pirson, Dietrich/Rüfner, Wolfgang/Germann, Michael/Muckel, Stefan (Hg.), Handbuch des Staatskirchenrechts der Bundesrepublik Deutschland, Berlin [3]2020, § 71, S. 2889–2946 [Achilles, Kirchliche Stiftungen].

Achilles, Wilhelm Albrecht, Zur Aufsicht über kirchliche Stiftungen, in: ZevKR 33 (1988), S. 184–214 [Achilles, Aufsicht über kirchliche Stiftungen].

Ahlers, Reinhild, c. 515, in: Lüdicke, Klaus (Hg.), Münsterischer Kommentar zum Codex Iuris Canonici, Essen seit 1984, Stand: 43. Ergänzungslieferung Jan. 2006 [Ahlers, c. 515, in: MKCIC].

Ahlers, Reinhild, Strukturerneuerung auf der Ebene der Pfarrei, in: Ahlers, Reinhild (Hg.), Die Kirche von Morgen: kirchlicher Strukturwandel aus kanonistischer Perspektive, Essen 2003, S. 55–67 [Ahlers, Strukturerneuerung auf der Ebene der Pfarrei].

Althaus, Rüdiger, 75 Jahre Preußisches Kirchenvorstandsgesetz – Bewährung trotz verfassungsrechtlicher Bedenken, in: ThGL 90 (2000), S. 274–298 [Althaus, 75 Jahre Preußisches Kirchenvorstandsgesetz].

Althaus, Rüdiger, c. 1291, in: Lüdicke, Klaus (Hg.), Münsterischer Kommentar zum Codex Iuris Canonici, Essen seit 1984, Stand: 28. Ergänzungslieferung Aug. 1997, [Althaus, c. 1291, in: MKCIC].

Althaus, Rüdiger, Kirchliche Vermögensverwaltung, in: Ahlers, Reinhild (Hg.), Handbuch der Pfarreiverwaltung, Stand: 4. Ergänzungslieferung 2010, Kap. 13.6 [Althaus, Kirchliche Vermögensverwaltung].

Armbrüster, Christian, vor § 116 BGB, in: Säcker, Franz Jürgen/Rixecker, Roland/Oetker, Hartmut/Limperg, Bettina (Hg.), Münchener Kommentar zum Bürgerlichen Gesetzbuch, Band 1, [9]2021 [Armbrüster, vor § 116 BGB, in: MüKoBGB].

Aymans, Winfried/Mörsdorf, Klaus, Kanonisches Recht Band II, Paderborn 1997 [Aymans/Mörsdorf, KanR II].

Aymans, Winfried/Mörsdorf, Klaus/Müller, Ludger, Kanonisches Recht Band IV, Paderborn 2013 [Aymans/Mörsdorf, KanR IV].

Bamberger, Hanna, Das Vertretungsrecht der Kirchen in Nordrhein-Westfalen – Grundbuch- und Beurkundungsverfahren, in: RNotZ 2014, S. 1–22 [Bamberger, Vertretungsrecht].

Barthel, Thorsten, Bayerisches Bestattungsgesetz, Kommentar, Wiesbaden 2017 [Barthel, Bayerisches Bestattungsgesetz].

Baumann-Gretza, Marcus/Hoischen, Marlene, Mehr Flexibilität – Das bringt das neue Kirchliche Vermögensverwaltungs-Gesetz, Interview mit Marcus Baumann-Gretza und Melanie Hoischen, 4. April 2022, https://wir-erzbistum-paderborn.de/news/mehr-flexibilitaet-das-bringt-das-neue-kirchliche-vermoegensverwaltungsgesetz/ (02.03.2024) [Baumann-Gretza/Hoischen, Interview].

de Wall, Heinrich, Art. 143 BV, in: Theodor Meder/Winfried Brechmann (Hg.), Die Verfassung des Freistaats Bayern, Kommentar, Stuttgart u.a. [6]2020 [de Wall, Art. 143 BV].

de Wall, Heinrich, Art. 149 BV, in: Theodor Meder/Winfried Brechmann, Die Verfassung des Freistaats Bayern, Kommentar, Stutgart u.a. [6]2020 [de Wall, Art. 149 BV].

Eicholt, Bernd, Sexueller Missbrauch und körperliche Misshandlungen durch katholische Kleriker nach kirchlichem Recht sowie zivil- und strafrechtliche Folgen nach deutschem Recht, in: NJOZ 2010, S. 1859–1865 [Eicholt, Sexueller Missbrauch].

Emsbach, Heribert/Seeberger, Thomas, Rechte und Pflichten des Kirchenvorstandes, 11. Auflage, Köln 2011 [Emsbach/Seeberger, Rechte und Pflichten].

Flick, Hans, Das kirchenpolitische System der Weimarer Verfassung und die tatsächliche Regelung der Staatsaufsicht über die kirchliche Vermögensverwaltung in Preussen, Emsdetten 1933 [Flick, Das kirchenpolitische System der Weimarer Verfassung].

Gehm, Markus, Das Kirchensteuersystem in den fünf neuen Bundesländern, in: LKV 2000, S. 173–179 [Gehm, Das Kirchensteuersystem in den fünf neuen Bundesländern].

Gerecke, Christian/Roßmüller, Christian, Schadensersatzhaftung der katholischen Kirche in Missbrauchsfällen, in: NJW 2022, S. 1911–1916 [Gerecke/Roßmüller, Schadenersatzhaftung].

Geringer, Karl-Theodor, Die deutschen Pfarrgemeinderäte als verfassungsrechtliches Problem, in: MThZ 37 (1986), S. 42–58 [Geringer, Die deutschen Pfarrgemeinderäte].

Giloy, Jörg/König, Walter, Kirchensteuerrecht in der Praxis, Neuwied/Kriftel/Berlin 1993 [Giloy/König, Kirchensteuerrecht in der Praxis].

Groh, Gunnar, Juristische Person, in: Weber, Klaus (Hg.), Rechtswörterbuch, München [31]2023 [Groh, Juristische Person].

Haering, Stephan, Die Organisation der katholischen Kirche in Deutschland, in: Pirson, Dietrich/Rüfner, Wolfgang/Germann, Michael/Muckel,

Stefan (Hg.), Handbuch des Staatskirchenrechts der Bundesrepublik Deutschland, Berlin [3]2020, § 20, S. 793–834 [Haering, Organisation].

Hallermann, Heribert, § 44 Die Pfarrei, in: Haering, Stephan/Rees, Wilhelm/Schmitz, Heribert (Hg.), Handbuch des katholischen Kirchenrechts, Regensburg [3]2015, S. 665–680 [Hallermann, Die Pfarrei, in: HdbKathKR[3]].

Hallermann, Heribert, Pfarrei und pfarrliche Seelsorge. Ein kirchenrechtliches Handbuch für Studium und Praxis, Paderborn 2004 [Hallermann, Pfarrei und pfarrliche Seelsorge].

Hammer, Felix, Die Kirchensteuer und das Besteuerungsrecht anderer Religionsgemeinschaften, in: Pirson, Dietrich/Rüfner, Wolfgang/Germann, Michael/Muckel, Stefan (Hg.), Handbuch des Staatskirchenrechts der Bundesrepublik Deutschland, Berlin [3]2020, § 72, S. 2947–3016 [Hammer, Kirchensteuer und Besteuerungsrecht].

Hammer, Felix, Rechtsfragen der Kirchensteuer, Tübingen 2001 [Hammer, Rechtsfragen der Kirchensteuer].

Heimerl, Hans/Pree, Helmuth, Handbuch des Vermögensrechts der katholischen Kirche unter besonderer Berücksichtigung der Rechtsverhältnisse in Bayern und Österreich, Regensburg 1993 [Heimerl/Pree, Handbuch des Vermögensrechts].

Heinemann, Heribert, Sonderformen der Pfarreiorganisation gemäss c. 517, eine kritische Anfrage, in: AfkKR 163 (1994), S. 338–350 [Heinemann, Sonderformen der Pfarreiorganisation].

Heinig, Hans Michael, Religions- und Weltanschauungsfreiheit, in: Pirson, Dietrich/Rüfner, Wolfgang/Germann, Michael/Muckel, Stefan (Hg.), Handbuch des Staatskirchenrechts der Bundesrepublik Deutschland, Berlin [3]2020, § 14, S. 559–613 [Heinig, Religions- und Weltanschauungsfreiheit].

Heinig, Hans-Michael, (Kein) Kulturkampf reloaded, in: Ley, Isabelle/Stein, Tine/Essen, Georg (Hg.), Semper Reformanda: Das Verhältnis von Staat und Religionsgemeinschaften auf dem Prüfstand, Freiburg 2023, S. 100–113 [Heinig, (Kein) Kulturkampf reloaded].

Hense, Ansgar, „Ecclesia semper reformanda, sed non reformabilis“?, in: Ley, Isabelle/Stein, Tine/Essen, Georg (Hg.), Semper Reformanda: Das Verhältnis von Staat und Religionsgemeinschaften auf dem Prüfstand, Freiburg 2023, S. 92–99 [Hense, Ecclesia semper reformanda].

Hense, Ansgar, Anhang zu § 82 BGB, in: Burgard, Ulrich (Hg.), Stiftungsrecht, Kommentar, Berlin/Boston 2023, S. 124–139 [Hense, Anhang zu § 82 BGB].

Hense, Ansgar, Vermögensrechtliche Aspekte bei Strukturveränderungen auf kirchengemeindlicher Ebene, in: Ahlers, Reinhild (Hg.), Die Kirche von Morgen: kirchlicher Strukturwandel aus kanonistischer Perspektive, Essen 2003, S. 103–128 [Hense, Vermögensrechtliche Aspekte].

Henssler, Martin, § 619a BGB, in: Säcker, Franz Jürgen/Rixecker, Roland/Oetker, Hartmut/Limperg, Bettina (Hg.), Münchener Kommentar zum Bürgerlichen Gesetzbuch, Band 5, München 92023 [Henssler, § 619a BGB, in: MüKoBGB].

Hirnsperger, Johann, Expositur, in: Hallermann, Heribert/Meckel, Thomas/Droege, Michael/de Wall, Heinrich (Hg.), Lexikon für Kirchen- und Religionsrecht, Band 1, Leiden 32019, S. 922–923 [Hirnsperger, Expositur, in: LKRR].

Honkamp, Engelbert, Kirchenvorstand, in: Ahlers, Reinhild (Hg.), Handbuch der Pfarreiverwaltung, Stand: 3. Ergänzungslieferung Juli 2007, Kap. 5.2 [Honkamp, Kirchenvorstand].

Jaeger, Lothar, Sexueller Missbrauch durch katholische Kleriker – Anerkennung und Entschädigung, in: VersR 2022, S. 1129–1142 [Jaeger, Sexueller Missbrauch].

Janssen, Achim, Was bin ich – und wenn ja, wie viele?, in: KuR 2022, S. 35–58 [Janssen, Was bin ich – und wenn ja, wie viele].

Janz, Oliver, Von der Pfründe zum Pfarrgehalt: Zur Entwicklung der Pfarrerbesoldung im späten 19. Und frühen 20. Jahrhundert, in: Lienemann, Wolfgang (Hg.), Die Finanzen der Kirche, Studien zu Struktur, Geschichte und Legitimation kirchlicher Ökonomie, München 1989, S. 682–711 [Janz, Von der Pfründe zum Pfarrgehalt].

Joas, Günther, Anmerkung zu LG Stuttgart, Beschl. vom 10. 1. 1995 – 1 T 39/94, in: BWNotz 1995, S. 166–168 [Joas, Anmerkung zu LG Stuttgart].

Joussen, Jacob, Die Anwendung des staatlichen Arbeitsrechts auf Arbeitsverhältnisse zu Kirchen und anderen Religionsgemeinschaften, in: Pirson, Dietrich/Rüfner, Wolfgang/Germann, Michael/Muckel, Stefan (Hg.), Handbuch des Staatskirchenrechts der Bundesrepublik Deutschland, Berlin 32020, § 57, S. 2375–2448 [Joussen, Die Anwendung des staatlichen Arbeitsrechts].

Kaiser, Ulrich, Zur Neuordnung des Pfründewesens in Bayern, in: Puza, Richard/Weiß, Andreas (Hg.), Iustitia in Caritate, Festgabe für Ernst Rößler zum 25jährigen Dienstjubiläum als Offizial der Diözese Rottenburg-Stuttgart, Frankfurt 1997, S. 609–642 [Kaiser, Zur Neuordnung des Pfründewesens in Bayern].

Kalde, Franz, § 47 Pfarrpastoralrat, Pfarrgemeinderat und Pfarrvermögensverwaltungsrat, in: Haering, Stephan/Rees, Wilhelm/Schmitz, Heribert (Hg.), Handbuch des katholischen Kirchenrechts, Regensburg ³2015, S. 737–745 [Kalde, Pfarrpastoralrat, in: HdbKathKR³].

Kämper, Burkhard, Kirchengemeinde – Staatlich, in: Hallermann, Heribert/Meckel, Thomas/Droege, Michael/de Wall, Heinrich (Hg.), Lexikon für Kirchen- und Religionsrecht, Band 2, Leiden 2019, S. 827–829 [Kämper, Kirchengemeinde – Staatlich, in: LKRR].

Kämper, Burkhard, Zusammenlegung katholischer Kirchengemeinden – Gründe, rechtliche Voraussetzungen und praktische Folgen, in: Isensee, Josef (Hg.), Dem Staate, was des Staates – der Kirche, was der Kirche ist: Festschrift für Joseph Listl zum 70. Geburtstag, Berlin 1999, S. 469–479 [Kämper, Zusammenlegung katholischer Kirchengemeinden].

Kämper, Burkhard/Schulten, Markus, Die Selbstbestimmung der Kirchen und anderen Religionsgemeinschaften über ihr Vermögen, in: Pirson, Dietrich/Rüfner, Wolfgang/Germann, Michael/Muckel, Stefan (Hg.), Handbuch des Staatskirchenrechts der Bundesrepublik Deutschland, Berlin ³2020, § 70, S. 2819–2887 [Kämper/Schulten, Die Selbstbestimmung der Kirchen und anderen Religionsgemeinschaften über ihr Vermögen].

Kingata, Yves, „Heilige Orte", insbesondere Friedhöfe: kirchenrechtlicher Status und Rechtsvergleich mit den Regelungen der evangelischen und orthodoxen Kirchen in Deutschland unter Berücksichtigung zentraler staatskirchenrechtlicher Aspekte, St. Ottilien 2021 [Kingata, Heilige Orte].

Korioth, Stefan, Art. 137 WRV, in: Dürig, Günter/Herzog, Roman/Scholz, Rupert (Hg.), Grundgesetz Kommentar, München ¹⁰¹2023 [Korioth, Art. 137 WRV].

Korioth, Stefan, Das Selbstbestimmungsrecht der Religionsgemeinschaften, in: Pirson, Dietrich/Rüfner, Wolfgang/Germann, Michael/Muckel, Stefan (Hg.), Handbuch des Staatskirchenrechts der Bundesrepublik Deutschland, Berlin ³2020, § 16, S. 651–705 [Korioth, Selbstbestimmungsrecht].

Lederhilger, Severin, § 45 Der Pfarrer, in: Haering, Stephan/Rees, Wilhelm/Schmitz, Heribert (Hg.), Handbuch des katholischen Kirchenrechts, Regensburg ³2015, S. 697–720 [Lederhilger, Der Pfarrer, in: HdbKathKR³].

Ley, Isabelle, Religionsverfassungsrecht auf dem Prüfstand: Zur Weiterentwicklung des Verhältnisses von Staat und Religionen, in: Ley, Isabelle/

Stein, Tine/Essen, Georg (Hg.), Semper Reformanda: Das Verhältnis von Staat und Religionsgemeinschaften auf dem Prüfstand, Freiburg 2023, S. 46–60 [Ley, Religionsverfassungsrecht auf dem Prüfstand].

Lorz, Alexander/Manten, Georg, Die Verleihung der Rechte einer Körperschaft des öffentlichen Rechts an Religions- und Weltanschauungsgemeinschaften aus der Perspektive der Verwaltungspraxis, in: Pickel, Gert/Walter, Christian/Wittreck, Fabian (Hg.), Der Rechtsstatus religiöser Verbände, Münster 2022, S. 179–195 [Lorz/Manten, Perspektive der Verwaltungspraxis].

Magen, Stefan, Kirchen und andere Religionsgemeinschaften als Körperschaften des öffentlichen Rechts, in: Pirson, Dietrich/Rüfner, Wolfgang/Germann, Michael/Muckel, Stefan (Hg.), Handbuch des Staatskirchenrechts der Bundesrepublik Deutschland, Berlin [3]2020, § 27, S. 1045–1101 [Magen, Kirchen als Körperschaften].

Meyer, Kristin, Katholische Stiftungslandschaft in Deutschland, in: Hense, Ansgar/Schulte, Martin (Hg.), Kirchliches Stiftungswesen und Stiftungsrecht im Wandel, Berlin 2009, S. 59–81 [Meyer, Katholische Stiftungslandschaft].

Morlok, Martin, Art. 137 WRV, in: Dreier, Horst (Hg.), Grundgesetz Kommentar, Band 3, Tübingen [3]2018 [Morlok, Art. 137 WRV].

Morlok, Martin, Das Recht der Kirchen und anderen Religionsgemeinschaften zum öffentlichen Wirken, in: Pirson, Dietrich/Rüfner, Wolfgang/Germann, Michael/Muckel, Stefan (Hg.), Handbuch des Staatskirchenrechts der Bundesrepublik Deutschland, Berlin [3]2020, § 35, S. 1407–1468 [Morlok, Das Recht zum öffentlichen Wirken].

Mörsdorf, Klaus, Lehrbuch des Kirchenrechts aufgrund des Codex Iuris Canonici, II. Band, Paderborn [11]1967 [Mörsdorf, Lehrbuch des Kirchenrechts].

Muckel, Stefan, Körperschaftsstatus im 21. Jahrhundert – Anachronismus oder Zukunftsmodell?, ZevKR 63 (2018), S. 30–56 [Muckel, Körperschaftsstatus im 21. Jahrhundert].

Muckel, Stefan, Religionsgemeinschaften als Körperschaften des öffentlichen Rechts: Zur aktuellen Diskussion um die Verleihung der Körperschaftsrechte, in: Der Staat 1999 S. 569–593 [Muckel, Religionsgemeinschaften als Körperschaften].

Mückl, Stefan, Kirchliche Organisation, in: Isensee, Josef/Kirchhof, Paul (Hg.), Handbuch des Staatsrechts, Band 7, Heidelberg [3]2009, § 160, S. 791–830 [Mückl, Kirchliche Organisation].

Mückl, Stefan, Verträge zwischen Staat und Kirchen sowie anderen Religionsgemeinschaften, in: Pirson, Dietrich/Rüfner, Wolfgang/Germann, Michael/Muckel, Stefan (Hg.), Handbuch des Staatskirchenrechts der Bundesrepublik Deutschland, Berlin ³2020, § 10, S. 433–481 [Mückl, Verträge zwischen Staat und Kirchen].

Paarhammer, Hans, c. 532, in: Lüdicke, Klaus (Hg.), Münsterischer Kommentar zum Codex Iuris Canonici, Essen seit 1984, Stand: 44. Ergänzungslieferung Feb. 2009, [Paarhammer, c. 532, in: MKCIC].

Paarhammer, Hans, c. 535, in: Lüdicke, Klaus (Hg.), Münsterischer Kommentar zum Codex Iuris Canonici, Essen seit 1984, Stand: 53. Ergänzungslieferung Apr. 2017, [Paarhammer, c. 535, in: MKCIC].

Paarhammer, Hans, c. 536, in: Lüdicke, Klaus (Hg.), Münsterischer Kommentar zum Codex Iuris Canonici, Essen seit 1984, Stand: 44. Ergänzungslieferung Feb. 2009, [Paarhammer, c. 536, in: MKCIC].

Paarhammer, Hans, c. 537, in: Lüdicke, Klaus (Hg.), Münsterischer Kommentar zum Codex Iuris Canonici, Essen seit 1984, Stand: 44. Ergänzungslieferung Feb. 2009, [Paarhammer, c. 537, in: MKCIC].

Paarhammer, Hans/Fahrnberger, Gerhard, Pfarrei und Pfarrer im neuen CIC, Wien/München 1983 [Paarhammer/Fahrnberger, Pfarrei und Pfarrer im neuen CIC].

Petersen, Nils, Kirchensteuer kompakt: Strukturierte Darstellung mit Berechnungsbeispielen, 4. Aufl. Wiesbaden 2020 [Petersen, Kirchensteuer kompakt].

Pirson, Dietrich, Das Stiftungsrecht des Codex Iuris Canonici, in: Hopt, Klaus/Reuter, Dieter (Hg.), Stiftungsrecht in Europa, 2001, S. 555–570 [Pirson, Das Stiftungsrecht des Codex Iuris Canonici].

Platen, Peter, Kirchengemeinde – Katholisch, in: Hallermann, Heribert/Meckel, Thomas/Droege, Michael/de Wall, Heinrich (Hg.), Lexikon für Kirchen- und Religionsrecht, Band 2, Leiden 2019, S. 829–830 [Platen, Kirchengemeinde – Katholisch, in: LKRR].

Pree, Helmuth, § 100 Grundfragen kirchlichen Vermögensrechts, in: Haering, Stephan/Rees, Wilhelm/Schmitz, Heribert (Hg.), Handbuch des katholischen Kirchenrechts, Regensburg ³2015, S. 1471–1504 [Pree, Grundfragen kirchlichen Vermögensrechts, in: HdbKathKR³].

Pree, Helmuth, Aufsicht über kirchliche Stiftungen, in: Weiß, Andreas/Ihli, Stefan (Hg.), Flexibilitas Iuris Canonici. Festschrift für Richard Puza zum 60. Geburtstag, 2003, S. 421–437 [Pree, Aufsicht über kirchliche Stiftungen].

Pree, Helmuth, c. 116, in: Lüdicke, Klaus (Hg.), Münsterischer Kommentar zum Codex Iuris Canonici, Essen seit 1984, Stand: 33. Ergänzungslieferung Jul. 2000 [Pree, c. 116, in: MKCIC].

Pree, Helmuth, Genehmigungspflichten in der pfarrlichen Vermögensverwaltung, in: AfkKR 177 (2008), S. 502–523 [Pree, Genehmigungspflichten].

Pree, Helmuth/Heckel, Noach, Das Kirchliche Vermögen, seine Verwaltung und Vertretung, Handreichung für die Praxis, Wien [3]2021 [Pree/Heckel, Das kirchliche Vermögen].

Preglau, Jens, Wirkung kirchlicher Genehmigungsvorbehalte im allgemeinen Rechtsverkehr, NVwZ 1996, S. 767–770 [Preglau, Wirkung kirchlicher Genehmigungsvorbehalte].

Puza, Richard, Die Vollmacht des Diözesanbischofs und ihre Grenzen am Beispiel der Errichtung einer diözesanen Pfründestiftung, in: AfkKR 175 (2006), S. 113–128 [Puza, Die Vollmacht des Diözesanbischofs].

Risch, Ben Michael, Kirchliche Stiftungen in den (novellierten) Landesstiftungsgesetzen, in: Hense, Ansgar/Schulte, Martin (Hg.), Kirchliches Stiftungswesen und Stiftungsrecht im Wandel, Berlin 2009, S. 205–239 [Risch, Kirchliche Stiftungen in den Landesstiftungsgesetzen].

Rüfner, Wolfgang, Die Gründung juristischer Personen des öffentlichen Rechts durch die Kirchen, in: Isensee, Josef (Hg.), Dem Staate, was des Staates – der Kirche, was der Kirche ist: Festschrift für Joseph Listl zum 70. Geburtstag, Berlin 1999, S. 431–447 [Rüfner, Gründung juristischer Personen].

Rüfner, Wolfgang, Staatlicher Rechtsschutz gegen Kirchen, in: Pirson, Dietrich/Rüfner, Wolfgang/Germann, Michael/Muckel, Stefan (Hg.), Handbuch des Staatskirchenrechts der Bundesrepublik Deutschland, Berlin [3]2020, § 78, S. 3267–3314 [Rüfner, Staatlicher Rechtsschutz gegen Kirchen].

Schlaich, Klaus/Korioth, Stefan, Das Bundesverfassungsgericht, Stellung, Verfahren, Entscheidungen, 12. Auflage, München 2021 [Schlaich/Korioth, Das Bundesverfassungsgericht].

Schlief, Karl Eugen, Die Rolle des Staates bei der Bildung und Veränderung von Kirchengemeinden, in: Ahlers, Reinhild (Hg.), Die Kirche von Morgen: kirchlicher Strukturwandel aus kanonistischer Perspektive, Essen 2003, S. 89–102 [Schlief, Rolle des Staates].

Schmitz, Heribert, „Gemeindeleitung" durch „Nichtpfarrer-Priester" oder „Nichtpriester-Pfarrer", Kanonistische Skizze zu dem neuen Modell pfarrlicher Gemeindeleitung gem. c. 517 § 2 CIC, in: AfkKR 161 (1992), S. 330–361 [Schmitz, „Gemeindeleitung“ durch „Nichtpfarrer-Priester“].

Schmitz, Heribert, Das kirchliche Vermögensrecht als Aufgabe der Gesamtkirche und der Teilkirchen. Kanonistische Fragen zum kirchlichen Vermögensrecht im Schnittpunkt kirchlicher und weltlicher Rechtsordnung unter besonderer Berücksichtigung der Kanonisation weltlicher Rechtsnormen als leges canonizatae im Blick auf die Revision des CIC, in: AfkKR 146 (1977), S. 3–35 [Schmitz, Das kirchliche Vermögensrecht als Aufgabe der Gesamtkirche].

Schmitz, Heribert, Die Bestimmungen des C. 1272 CIC zum Benefizialrecht, in: AfkKR 137 (1968), S. 443–460 [Schmitz, Die Bestimmungen des C. 1272 CIC zum Benefizialrecht].

Schnell, Heidrun, Bestattungswesen und Friedhöfe, in: Pirson, Dietrich/Rüfner, Wolfgang/Germann, Michael/Muckel, Stefan (Hg.), Handbuch des Staatskirchenrechts der Bundesrepublik Deutschland, Berlin [3]2020, § 61, S. 2567–2593 [Schnell, Bestattungswesen und Friedhöfe].

Schubert, Claudia, § 164 BGB, in: Säcker, Franz Jürgen/Rixecker, Roland/Oetker, Hartmut/Limperg, Bettina (Hg.), Münchener Kommentar zum Bürgerlichen Gesetzbuch, Band 1, [9]2021 [Schubert, § 164 BGB, in: MüKoBGB].

Schubert, Claudia, § 181 BGB, in: Säcker, Franz Jürgen/Rixecker, Roland/Oetker, Hartmut/Limperg, Bettina (Hg.), Münchener Kommentar zum Bürgerlichen Gesetzbuch, Band 1, [9]2021 [Schubert, § 181 BGB, in: MüKoBGB].

Schüller, Thomas, Die katholische Kirche als Körperschaft des öffentlichen Rechts – rechtspolitische und kanonistische Anfragen, in: Ley, Isabelle/Stein, Tine/Essen, Georg (Hg.), Semper Reformanda: Das Verhältnis von Staat und Religionsgemeinschaften auf dem Prüfstand, Freiburg 2023, S. 114–125 [Schüller, Katholische Kirche als Körperschaft].

Schüller, Thomas, Verpasste Chance oder erkennbarer Fortschritt? Das neue Kirchliche Vermögensverwaltungsgesetz in Nordrhein-Westfalen, in: Herder Korrespondenz 2023, S. 38–40 [Schüller, Verpasste Chance].

Schulte, Martin, D. Kirchliches Stiftungsrecht, in: Christoph Stumpf, Christoph/Suerbaum, Joachim/Schulte, Martin/Pauli, Rudolf (Hg.), Stiftungsrecht, München [3]2018, S. 382–512 [Schulte, Kirchliches Stiftungsrecht].

Socha, Hubert, c. 22, in: Lüdicke, Klaus (Hg.), Münsterischer Kommentar zum Codex Iuris Canonici, Essen seit 1984, Stand: 47. Ergänzungslieferung Aug. 2012, [Socha, c. 22, in: MKCIC].

Strigl, Richard A., Aktuelle Fragen der kirchlichen Vermögensverwaltung im pfarrlichen Bereich, in: AfkKR 138 (1969), S. 17–62 [Strigl, Aktuelle Fragen der kirchlichen Vermögensverwaltung im pfarrlichen Bereich].

Stuttmann, Martin, Art. 19 LVerf NRW, in: Heusch, Andreas/Schönenbroicher, Klaus, Landesverfassung Nordrhein-Westfalen, Siegburg ²2020, S. 188–200 [Stuttmann, Art. 19 LVerf NRW].

Stuttmann, Martin, Art. 22 LVerf NRW, in: Heusch, Andreas/Schönenbroicher, Klaus, Landesverfassung Nordrhein-Westfalen, Siegburg 22020, S. 188–200 [Stuttmann, Art. 22 LVerf NRW].

Sydow, Gernot, Zwei Seiten einer Medaille?: zur Zulässigkeit der territorialen Entkopplung von Pfarreien und Kirchengemeinden, in: Kirche und Recht 28 (2022), S. 138–160 [Sydow, Zwei Seiten einer Medaille].

Tammler, Ulrich, Anm. zu OVG Münster, Urteil vom 23.8.1977, VIII A 1813/75, DVBl. 1978, S. 923–925 [Tammler, Anm. zu OVG Münster].

Voll, Otto, Handbuch des bayerischen Staatskirchenrechts, München 1985 [Voll, Handbuch des bayerischen Staatskirchenrechts].

von Campenhausen, Axel Freiherr/de Wall, Heinrich, Religionsverfassungsrecht, München ⁵2022 [von Campenhausen/de Wall, Religionsverfassungsrecht].

von Loewenich, Uta, Das Kirchenvermögensverwaltungsrecht der katholischen Kirche in den Kirchengemeinden Nordrhein-Westfalens – vom Kulturkampfgesetz zur kirchlich übernommenen Norm, Essen 1993 [von Loewenich, Kirchenvermögensverwaltungsrecht].

Wagner, Gerhard, § 823 BGB, in: Säcker, Franz Jürgen/Rixecker, Roland/Oetker, Hartmut/Limperg, Bettina (Hg.), Münchener Kommentar zum Bürgerlichen Gesetzbuch, Band 7, München ⁸2020 [Wagner, § 823 BGB, in: MüKoBGB].

Weber, Hermann, Kirchen und andere Religionsgemeinschaften als Träger und Adressaten der Grundrechte, in: Pirson, Dietrich/Rüfner, Wolfgang/Germann, Michael/Muckel, Stefan (Hg.), Handbuch des Staatskirchenrechts der Bundesrepublik Deutschland, Berlin ³2020, § 19, S. 761–789 [Weber, Kirchen und andere Religionsgemeinschaften als Träger und Adressaten der Grundrechte].

Zilles, Hans/Kämper, Burkhard, Kirchengemeinden als Körperschaften im Rechtsverkehr – Voraussetzungen und Funktionsstörungen rechtswirksamer Betätigung, in: NVwZ 1994, S. 109–115 [Zilles/Kämper, Kirchengemeinden als Körperschaften].

KANONISTISCHE REIHE

1 Benz, Michael, Die Personalprälatur. Entstehung und Entwicklung einer neuen Rechtsfigur bis zum Codex von 1983, 1988, 139 S.

2 Huber, Christian, Das Grundrecht auf Freiheit bei der Wahl des Lebensstandes. Eine Untersuchung zu c. 219 des kirchlichen Gesetzbuches, 1988, 192 S.

3 Eder, Joachim, Der Begriff »foedus matrimonial« im Eherecht des CIC, 1989, 109 S.

4 Wolf, Lorenz, Der Irrtum über eine Eigenschaft der Person als Ehenichtigkeitsgrund. Ein Beitrag zur Interpretation von c. 1097 § 2, 1990, 188 S.

5 Kalde, Franz, Die Paarformel „fides – mores". Eine sprachwissenschaftliche und entwicklungsgeschichtliche Untersuchung aus kanonistischer Sicht, 1991, 113 S.

6 Müller, Ludger, Kirchenrecht – analoges Recht? Über den Rechtscharakter der kirchlichen Rechtsordnung, 1991, 133 S.

7 Schappert, Peter, Solidarische Pfarrseelsorge. Möglichkeit und Bewertung in der neuklassischen Kanonistik, 1991, 145 S.

8 Martetschläger, Johannes, Die Rechtsstellung der Kirchen und Religionsgesellschaften in Österreich nach Art. 15 Staatsgrundgesetz 1867, 1993, 119 S.

9 Walser, Markus, Die Bedeutung des Wohnsitzes im kanonischen Recht. Eine Untersuchung zu cc. 100-107 CIC, 1993, 138 S.

10 Lerg, Christoph, Die Beichtbefugnis. Ihre historische Entwicklung von den ersten Anfängen bis zur Hochscholastik auf dem Hintergrund der jeweiligen Erkenntnisse der Bußtheologie, 1994, 121 S.

11 Schmitz, Rudolf Michael, Die Bekenntnisfreiheit im Gemeinstatut der Gläubigen (cc. 208-223). Ihre Möglichkeiten und Grenzen innerhalb der kanonischen Rechtsordnung, 1995, 140 S.

12 Gehr, Josef, Die Bewertung des gerichtlichen Geständnisses und der Parteierklärung vor Gericht gemäß c.1536 § 2 CIC/1983, 1994, 106 S.

13 Gänswein, Georg, Kirchengliedschaft gemäß dem Zweiten Vatikanischen Konzil. Zur Vorgeschichte, Erarbeitung und Interpretation der konziliaren Lehraussagen über die Zugehörigkeit zur Kirche, 1995, 125 S.

14 Weitz, Thomas A., Religionsfreiheit auf dem Zweiten Vatikanischen Konzil, 1997, 204 S.

15 Vries, Jan, Kirchenrecht oder Kirchenordnung? Zum Kirchenrechtsverständnis bei Peter Huizing, 1998, 222 S.

16 Twickel, Marie-Désirée Freiin von, Kleriker in der Gemeinschaft Emmanuel. Eine kanonistische Untersuchung über die rechtliche Stellung der Klerikermitglieder in der Gemeinschaft Emmanuel und der Bruderschaft Jesu, 2000, 179 S.

17 Ohly, Christoph, Kooperative Seelsorge. Eine kanonistische Studie zu den Veränderungen teilkirchlicher Seelsorgestrukturen in den Diözesen der Kölner Kichenprovinz, 2002, 266 S.

18 Dennemarck, Bernd, Der Taufaufschub. Dogmatisch-kanonistische Grundlegung und rechtliche Ausgestaltung im Hoheitsgebiet der Deutschen Bischofskonferenz, 2003, 184 S.

19 Kandler-Mayr, Elisabeth, Schützen und verwalten. Kirchliche Güter und Denkmalschutz. Eine Untersuchung der kirchlichen Rechtsnormen und der staatlichen österreichischen und bayrischen Gesetze, 2004, 126 S.

20 Fabritz, Peter, Die tägliche Zelebration des Priesters. Eine rechtsgeschichtliche Untersuchung, 2005, 133 S.

21 Kriegbaum, Christian, Die „Sonntägliche Wort-Gottes-Feier" – aus der Not geboren, zum Segen geworden, 2006, 240 S.

22 Reisinger, Philipp, Sanctae Ecclesiae Cardinales – Peculiaris Episcoporum Coetus. Neue kirchenrechtliche Perspektiven für die Kardinäle und das Kardinalskollegium, 2012, 120 S.

23 Müller, Georg, Sedes Romana impedita. Kanonistische Annäherungen zu einem nicht ausgeführten päpstlichen Spezialgesetz, 2012, 124 S.

24 Förster, Peter, Transsexualität und ihre Auswirkungen auf die Ehefähigkeit. Eine kanonistische Untersuchung, 2012, 196 S.

25 Bauer, Manfred, Theologische Grundlagen und rechtliche Tragweite der Gleichheit gemäß can. 208 CIC/1983 bzw. can. 11 CCEO, 2013, 148 S.

26 Wodrazka, Paul Bernhard, Das Verfahren zur Erhebung eines Heiligen zum Kirchenlehrer, 2014, 80 S.

27 Finzel, Helmut, Die Bischofssynode. Zwischen päpstlichem Primat und bischöflicher Kollegialität, 2016, 112 S.

28 Kingata, Yves, Robert Lusilu Bipa, Au service de la Paix entre les Armes. L'Aumônerie Militaire Catholique en République Démocratique du Congo, 2017, 202 S.

29 Arakkal, Mons Kurian, Conferences and Synods in the Indian Church, 2018, 376 S.

30 Komischke, Stephan, Der Vertrag zwischen dem Heiligen Stuhl und dem Land Brandenburg (2003), 2019, 230 S.

31 Otter, Joseph, Die Exkommunikation Martin Luthers aus rechtshistorischer Perspektive, 2021, 180 S.

32 Michl, Andrea, Die Sühnestrafen des kanonischen Rechts, 2021, 192 S.

33 Pereira, Marcos Keel, Das portugiesische Konkordat von 2004 in seinem historischen und verfassungsrechtlichen Kontext, 2021, 184 S.

34 Werner, Philipp, Klostermanagement im Team. Praktische Fallstudie über die Errichtung eines Wirtschaftsrates in einer Benediktinerabtei, seine rechtliche Gestaltung und praktische Arbeit, 2022, 164 S.

35 Stümpfl, Tobias, Die Taufe von Kindern nichtkatholischer Christen, 2022, 176 S.

36 Bader, Anna-Maria, Das Ehehindernis der Freiheitsberaubung im Recht der katholischen Kirche, 2023, 196 S.

37 Krexner OSB, Elias A., Dialogmaterie Pfarrinkorporation. Entwicklung, Rechtsstellung des Inkorporationsträgers und Pfarrstrukturveränderung, 2024, 146 S.